音——
美しい日本語のしらべ

はせくらみゆき

きずな出版

はじめに
日本語のしらべは美しい

時は昭和40年代。雪が舞い散る北国のお正月。隣家でもあった集会所では、町内会の人たちの新年会が催《もよお》されています。

「はるすぎて〜、なつきにけらし〜、しろたえの〜」「ころも〜……」

パンッ、カンッ、パンパンッ！

真剣な顔をした大人たちが、木札を狙《ねら》って手を伸ばしています。百人一首です。

あまりの気迫に、普段は騒がしい子どもたちも、そのときばかりは静かになって、大人の一挙一動に合わせて、一緒に歓声《かんせい》を上げます。

私は……というと、声を上げることもなく、木札に描かれた、墨色のぐにゃぐにゃした模様（文字）に、目を奪われながら、最後までじーっと眺《なが》めている子どもでした。

当時、小学一年生。それが私にとって、日本語の音に興味を持った最初の記憶です。

その後、読み書きができるようになってから、夢中になったのは、子ども向けの古典文学や昔話、世界の物語などでした。

特に日本語独特の表現――「どんぶらこっこ」や「えんやらや」「しとしと」「ぽっちゃん」といったオノマトペ（擬声語および擬態語）的な表現が面白くて、自分で勝手に新しい表現をつくって愉《たの》しんでいました。

こうして「日本語」に寄り添ったり、時に離れたりしながらも、今なお、日本語の持つ響きの美しさや情感に魅せられ続け、現在に至っています。

特に、学生時代は日本語より英語のほうがカッコよい気がして、英語にハマった時期もありましたが、なぜか日本語で感じる情緒《じょうちょ》が、英語だと薄まってしまうことが味気なくて、ある程度学んだ後は、再び日本語の面白さ、独自性、ふくよかさに、あらためて興味を持つようになりました。

具体的には好きな言葉をノートに書いて、一つの単語や文章を、ずーっと考え続けるということを十数年続けていました。

そのうちに、なぜ、対象となるモノやコトに、その言葉があてがわれているのだろう？と思うようになり、やがて、私たち日本語を語る人々は、無意識にそれぞれの音に、共有化されたイメージ——語感とニュアンスを持っていることに気がつきました。

たとえば、笑い声は主に「ハ行」の音ですが、笑いの質によって「ははは」「ひひひ」「ふふふ」「へへへ」「ほほほ」というように、実際に発音してみると、それだけで、どんな感情や空気感をもって語っているのか、あるいはどんな人物像なのかも類推《るいすい》することができますよね。

このように、音それぞれに対する無意識の心性や感性の違いに興味を持った私は、そこからさらに十数年かけて、古文献や古伝承、歴史や国学、言語学、言霊学を学び、音の性質を物理学的なアプローチで探求してみることにしました。

こうして、友人の研究者仲間の協力も経て誕生したのが、「日本語再発見ツール　おとひめカード」で、2014年に出版させていただきました。そこには、一音一音の仮名に対応したアートと、音が持つ意味合いが3段階に分けて、記されています。

ちなみにアートに関しては、私自身、なぜか幼少時より、音が色となって心の中に映し出されるという「共感覚」を持っていたため、そこから観《み》えてくる世界観を表現しました。

おかげさまで、そのカードは大好評のうちに完売してしまい、以後、幻のカードとなってしまいました。そのまま終わるのかなぁと思っていたところ、不思議な導《みちび》きで、本書の発行元である「きずな出版」様と御縁が紡《つむ》がれ、より進化して使い勝手もよくなった形で、あらためて「おとひめカード」が出版される運びとなりました。

本書はそのカードの副読本的な役割も担《にな》っています。

ちなみに「おとひめカード」の「おとひめ」という言葉は、「音に秘められた秘密」という意味合いと、竜宮乙姫のおとひめを掛け合わせたネーミングです。

おとひめカードは、ビジネスから教育まで、老若男女が楽しめるものではあるのですが、カードという性質上、背景となる詳細な説明や解説は、お伝えすることができませんでしたので、本書を通して、より深めていただければ幸いです。

もちろん、単体としても、日本語の不思議さや面白さ、奥深さなどを総体的に楽しんでいただけると思いますので、お気軽にお読みいただければと思っております。

ただしここでお伝えしておかないといけないのは、私はあくまでも一般人だということです。言語学者ではありません。仕事は、画家と作家です。そして趣味が「日本語大好きオタク」だったというわけです。

好きが高じて、半世紀ほど取り組んでいるため、特定の分野に詳しくなっているとは思いますが、より専門性の高い内容に関しては、専門書にて学んでいただければと思います。

というわけで、本書は、日本語オタクの興味関心——ワクワクしたこと、ビックリしたこと、不思議だなと思ったことをぐいぐい綴《つづ》った、日本語についてのエッセイです。

とりわけ、日本語が持つ音韻《おんいん》の美しさは、「しらべ」とも呼ぶべき、うるわしき音の連なりであると考えます。

本書のタイトルにも使っている「しらべ」。この「調べ」という言葉は、旋律（メロディ）、あるいは音律《おんりつ》を合わせて調《ととの》えること、そして、古代における楽《がく》の奏上《そうじょう》のこと（例：琵琶《びわ》のしらべなど）を指します。

まさしく、日本語を語るということは、音声を使って楽器を奏《かな》でる一人演奏会のようなものではないかと感じております。

ぜひ本の頁《ページ》を開くたびに、あなたという楽の音で奏でられる日本語の美しきしらべを愛《いと》おしみ、新たなる眼をもって、あなたという世界を再発見していただければと思います。
さあ、御一緒に、日本語という名の贈り物を、歓《よろこ》びとともに受けとりながら、新しい地平へと開けていく旅を楽しんでいきましょう。

はせくらみゆき

目次

第二章 ◎ 言葉とは何だろう?

第三章 ◎ 日本語の特質

第四章◎日本語の歴史

第五章◎言霊――日本語が持つ深淵世界

第六章◎深く味わいたい日本語のしらべ

音——美しい日本語のしらべ

第一章

日本語は面白い

第一章では、私たちが普段話している日本語と言葉そのものについて、さまざまな角度から眺めてみたいと思います。

とりわけ、世界の言語の中で日本語が、どのような立ち位置にあるのか、また日本語は世界からどのように見られているかを知ることで、「日本語」の持つユニークさや独自性が、立ち上がってくることでしょう。

日本語はお好き？
――愛《め》でるということ

さて、いきなり質問です。

「あなたは日本語が好きですか？」と聞かれたら、どう答えるでしょうか？

「ええ、まぁ」とか「まぁ、好きです」とか「うーん、それほどでも」等、いろいろな返答が出てくると思いますが、おそらく少し戸惑《とまど》い気味で答えられる方も、多いのではないでしょうか？

というのは、日本語を母語（人が最初に習い覚えた言語）として育つ多くの日本人にとって、日本語という言語自体があまりに当たり前すぎて、特別に意識してはいないと思われるからです。

むしろ質問を変えて、「国語の授業は好きでしたか？」と聞かれたほうが、答えやすいかもしれませんね。

では「日本語と英語、どちらがカッコイイと思いますか」と聞かれたらどうでしょう？

そうすると多くの方が「英語」と答えるかもしれません。

こうして本書を綴《つづ》っている私自身も「英語！」と即答しそうです（笑）。まぁ、「事務所」より「オフィス」、「持ち帰り」より「テイクアウト」と呼んだほうが、軽やかでオシャレな印象がありますものね。たしかに、一音一音に母音が入ることで重たく（明瞭《めいりょう》な音として）感じる日本語より、子音の中に、時折《ときおり》母音が混じる英語のほうが流れがよく、一気に語ることができるからだということもできます。

とはいえ、なぜ私たち日本人の多くは、〝日本語は少々ダサくて英語のほうがイケている〟と深層心理下で思ってしまうのでしょうか？

さまざまな要因があるでしょうが、直接的には、戦後教育の方向性が影響していたのでしょう。たしかに背格好が大きく、見た目も違う「西洋人」を見ると、カッコイイなぁと思ってしまいますし、その人々が語る言葉（主に英語など）に憧《あこが》れを抱《いだ》くのも自然かもしれません。

加えて、日本人特有の謙虚《けんきょ》さや謙遜《けんそん》する姿勢も相まって、自らの国の言葉をわざわざ「好き」とは言いにくい風潮もあるのかなと思います。

けれども、やはり「日本語って素敵」とか「日本語が好き」と言って（思って）ほしいのです。少なくとも「嫌い」にはなってほしくない……たとえ「ダサい」と感じたとしても。「普通プラス」ぐらいから始まってくれると嬉しいなぁと思います。

どうしてそう願うのかというと、**「日本語」に親しみを感じる心を持つということは、つまるところ、あなた自身を愛でることに他ならない**からです。

あなたの脳内には、生まれてからこの世を卒業するまで、膨大《ぼうだい》な量の日本語がかけめぐっています。

その言葉の一部が、現実世界に現れ、言葉や思考、行動となって、あなた自身を形づくっているのです。とりわけ、美しい言葉、あたたかい言葉、希望や喜び、思いやりのある言葉に触れたり、内から湧《わ》き上がってくると、脳内のみならず、全身が嬉しい想いで満たされることでしょう。

もちろん他の言語であっても、同じように感じるとは思いますが、母語が日本語の人であれば、やはり日本語で伝えられたほうが、より深い情緒《じょうちょ》や質感を持って感得《かんとく》しやすいのです。

また、日本語という言葉は、遺伝子に刻《きざ》まれた記憶であり、ご先祖様も（方言はあれど）日本語を語り聴いて生涯を過ごしたでしょうから、古き血の記憶も活性化しやすいかもしれません。つまり、**あなたの中に眠る遺伝子のスイッチがＯＮになりやすい**のではないかとも考えられます。

そんな日本語賛美《さんび》から始まりましたが、大前提として、何かと何かを比べて、上下、優劣《ゆうれつ》をつけるという発想そのものから、もうそろそろ卒業する時期を迎えているのではないかと感じてなりません。

比べなくていい。戦わなくていい。
それぞれ素敵で素晴らしい。

日本語を話す人のほとんどは、白地に赤い丸が入った国の旗を持つ人々です。

まんまるお日さまのマルのように、まぁるく丸ごと包みながら、自らが語る言葉と文化と世界を愛し、明るく朗らかな世界を織《お》りなしていけたらいいなぁと願っています。

世界の言語と日本語

現在、世界には約200程の国があるといわれていますが、言語の数はその比ではありません。なんと約6000から7000の言語が存在しているのです。

ただし、そのうちの4割は消滅危機言語と呼ばれ、部族や話者が途《と》絶《だ》えることで、言葉そのものも消えゆく運命にあるそうです。

多くの言語があるということは、それぞれの民族、共同体が有した文化や考え方、慣習や習俗、歴史が刻まれているということでもあるので、この大地に住まう私たちは、多様性と豊かさがある世界の中に生きているんだな、ということを再認識させられます。

とはいえ、数千ある言語のうち、わずか23の言語の話者が世界人口の半分以上を占《し》めているのです。

世界中で、最も話者が多い（母語ベースで）のは中国語で、9億人弱で堂々の1位。2位が英語で4億人、3位がスペイン語で3・3億人、4位がヒンディー語で約2・4億人、5位がアラビア語で2億人、といった具合です（"Ethnologue: Languages of the World" 第24版、2021年のデータベースより引用。参考：山口仲美著『日本語が消滅する』幻冬舎刊）。

さて、そうした中で、日本語を語る人々は、世界の中でどのくらいの人数を占めているのでしょうか？

答えは9番目。結構多いですね。

世界中で、1億2500万人が日本語を喋《しゃべ》っています。つまり、日本の人口そのままが日本語話者である、ということです。

比率でいえば世界人口の80分の1の人々が、日本語話者になります。

とはいえ、日本語はその特徴と学習量の多さから、習得するのが難しい言語でもあるため、第二外国語として学ばれることも少なく、基本的には日本人の中でしか話されていない言葉であるともいえます。

さて、言語学上の用語で、「孤立言語」(Isolated Language――孤立した言語)と呼ばれているものがあります。

孤立言語とは、現存する他の言語と、比較言語学の手法によって系統関係の立証が難しく、共通性が見られない言語のことを定義する用語です。

そんな「孤立言語」として孤高に立っているのが日本語であった、ということです。

しかも、言語学上の捉え方だけではなく、地理的、話者的にも、孤立した場で話されていた「孤立言語」であったというわけです。

ちなみに第二言語(第一言語である母語を習得した後に学習し、使用することができるようになった母語以外の言語)を加味した世界の言語の使用状況のトップは、やはり英語です。

地球上の13億人以上が話しており、大まかに数えると6人に1人は、英語話者になるということです。

それほど流暢《りゅうちょう》に話せるわけではないけれど、とりあえず英語で語ることができる、という人々を合わせたら、さらにパーセンテージは上がることでしょう。

まさしくグローバルスタンダード、世界共通語としての貫禄《かんろく》がありますね。

日本人が英語話者に憧れるのも、当然といえば当然かもしれません。

余談になりますが、私自身、人生のある時期をイタリアにて過ごしたことがあります。その際、あまりにイタリア語がたどたどしかったため、きちんとコミュニケーションをとりたいときは、やはり英語を話せることが必須のスキルでした。なので、英語を聴くと「あ、意味がわかる」とホッとしたものです。

とはいえ、イタリア人（特に若者たち）は、日本語の言葉を聴きたがりました。私が日本語で語りかけると、彼らは「KAWAII」を連発して、嬉しそうに日本語の単語を並べ立てます。そんな彼らは、自国語の字幕をつけて日本のアニメを日本語音声で見ていました。

彼らによると、日本語の響きは、心地よい音楽を聴いているようだといいます。ただし早口で語ると、工事現場の音のように聞こえるとも。

さて、話を戻しましょう。

世界の言語の使用状況から見た日本語話者は、母語ベースよりも下がって、13位となります。人口減少が続いている日本ですので、このままでいくとランキングがどんどん下がっていくと考えられます。

もちろん、ランキングの上下で競争しているわけではないため、その視点は持ち合わせてはいないのですが、日本語話者が減っていくことは純粋に寂しいなと思いますし、日本語が持つ固有性や独自性を考えると、決してなくしてはならない言語だと考えています。

数百年後には、一つの言語しか残らないのではないかと、言語学者の中で危惧《きぐ》されているようです。その言語は、皆様もお察しの通り、英語です。

もし世界が英語だけの世界になったら……便利かもしれないけれど、なんだか味気ないですよね。共感覚を持つ私の心の眼には、均質《きんしつ》で単調な一色に塗《ぬ》り込まれた世界が広がってしまいます。

私たちは今、日本語を語っています。

日本語を母語とする、日本語話者です。

日本人が日本語を話せるのは、四方を海に囲まれた日本列島の地政学的な要因や歴史的幸運とともに、ご先祖様が頑張ってくれたおかげでもあります。

古くは元寇襲来《げんこうしゅうらい》から始まり、欧米列強の植民地政策の中でも支配をまぬがれたこと、そして先の大戦において、大きな痛手を受けたものの、言葉が失われることはなかったのです。

言葉は、ただのコミュニケーションの道具ではありません。

言葉の中には、人々が大切に紡《つむ》いできた、文化や習俗、価値観などが醸成《じょうせい》されてパッケージングされています。

つまり、言葉は現在進行形で引き継《つ》がれていく、生きた文化遺産でもあるのです。

私は時折、「なぜ、日本語は残されたのだろう」と考えます。

同時に、天の眼をもって考えたとき、「なぜ、日本語を残すことにしたのだろう」とも考えます。この両軸の視点を持ちながら、さらに筆を進めていきたいと思います。

言葉の中に宿る文化的遺伝子とは？

前述したように、言葉は、単なるコミュニケーションの手段としてあるだけではなく、その言語を語る人々の、文化や歴史、習俗、精神性や価値観、物の見方、捉《とら》え方が内包《ないほう》された状態で語られています。

このことを、**文化的遺伝子「ミーム」**と呼ぶことがあります。

最近、SNSで話題になった「猫ミーム」や、歌やダンスが拡散《かくさん》することを「ミーム化」と呼んだりもするので、聞いたことがある人も多いかもしれません。

ミームとは、イギリスの進化生物学者であるリチャード・ドーキンスが著書『利己的な遺伝子』の中で、1976年に提唱した概念です。

英語の「Gene（遺伝子）」と、ギリシャ語で「模倣」を意味する「Mimeme」を合成した造語で、生物が遺伝によって子孫に情報を伝えるがごとく、集団内での模倣によって、さまざまな情報が伝達されていくことを指します。

情報が伝わるときは、人を通じてアイディアや行動、スタイルや流行、慣習などがカルチャーとして広がっていきます。このように「ミーム」は、文化の中で伝えられる情報であり、遺伝子になぞらえるのであれば「文化的遺伝子」として捉えることができます。

ミームは、私たちの思考や行動に深く影響を与え、文化の形成と発展に、重要な役割を果たしています。言葉は、最も強力なミームの一つであるといえましょう。

言葉を通じて、私たちは知識や経験を次世代へと引き継ぎ、文化を継承してきました。

私たちの言語――日本語を考えたとき、日本語独特の表現や言いまわしが多数あり、それら一つひとつが、**日本の文化や価値観を内包しているものだった**のですね。

言葉は文化的遺伝子を運ぶ存在――その意識を心の片隅に置いて、言葉を大切にしていけたらいいですね。

日本語の中にあるミームあれこれ

それでは日本語のどんな言葉が、より日本らしさを伝えるミームとして存在しているのでしょうか？

それは、他の言語に訳しにくい日本語です。訳しにくいということは、日本人の感性が表現されているということであり、他の言語に置き換えたとき、どうもしっくりこない、という表現となります。

第六章にある「人生を輝かせる日本語20」（280頁）には、そんな文化的遺伝子がたっぷり詰まっているであろう日本語を多く紹介していますので、お楽しみいただければと思います。

というわけで、ここでは今や世界語となって広がった、世界に誇る日本語「もったいない」という言葉を取り上げて、考えてみたいと思います。

昭和世代の私にとって、「ありがとう」に次ぐ頻度《ひんど》で出てくる言葉でもあります。ものを大切にする心、ありがたいと思う心、無駄にしてはならないと思う心は、もののいのちを全《まっと》うさせ、最後まで丁寧《ていねい》に向かい合うことを良しとした、先人たちの生き方、在り方として、言葉となって残っているのです。

ちなみに「もったいない」という言葉を聞いて、すぐに思い出すエピソードがあります。日本一の個人投資家であった竹田和平氏は、天の眼をもって生きることをリアルに教えてくださった方です。生前、とてもお世話になったのですが、その際、直接うかがったお話です。

戦時中、疎開《そかい》を経験した和平さんは、疎開先でお金を見かけることがなかったそうです。けれども村の人たちは特に困った様子もなく、「ありがたい」「もったいない」「おかげさま」という言葉を交《か》わし、物を交換したり、助け合いながら普通に暮らしていたのだとか。その様子を見て、生きることの本質に気づき、後に投資の世界での成功を収《おさ》めたのです。

さらにお金は個人のためというよりも、世界を真心によって循環《じゅんかん》させるためのもので、自分は金庫番として、天から役割を授かったと思っています、という言葉が印象的でした。

他にも、日本らしさを如実《にょじつ》に表すミームとして、古代の詩や歌、文学作品などがあげられます。

その言葉、言葉の間から、当時を生きた人々の想いや願い、何を大切に（美しいと）感じたのかの美意識を垣間《かいま》見ることができます。

そういえば、私自身が子育て中の癒《い》やしとしたのが日本の古典文学でした。すべきことの多さと時間に追われてイライラする私に、「いとおかし」や「もののあわれ」「ますらおぶり」「たおやめぶり」といった古典の持つ感覚や質感は、共感とともに「待つこと」の大切さを教えてくれ、私を大いに癒やし、明日への活力を与えてくれました。

言葉（文字）を通じて、私たちは過去という時代を生きた先人たちと繋《つな》がることができます。

言葉という贈り物を通して、私たちの「いのちの歴史」が継承されていくのです。

日本人の美意識や価値観、自然観、死生観なども、文献が残っているおかげで（しかも今の私たちが読んだとしても、読み下し文であれば、ぎりぎり理解できる程度の変化で）、学びや気づきを得ることができます。

言葉の持つミームの力を再認識することで、私たちは自国の文化や価値観、精神性を知るだけではなく、いのちの織り糸が紡いだ未来への展望も、感じとることができます。

言葉を大切にするということ。

言葉を愛《いと》しむということ。

私たちの国の言葉――日本語に対して愛着《あいちゃく》を持ち、丁寧に語り、思い、行為するということ。そんな一つひとつの営みが、在り方が、豊かな社会をつくっていく土壌《どじょう》となるのでしょうね。

先祖から受け渡された「日本語」を大切に守り、語り継いでまいりましょう。

母語と母国語、公用語

母語とは、その人が最初に習得して、自らの日常的な使用言語だと見なしている言語のことです。

通常はお母さんを始め、その人に最も近い人たちから、たくさんの言葉のシャワーを浴びて、徐々《じょじょ》に言葉を覚えていくのですから、まさしく母語――「Mother Tongue」になっていくのですね。こうした母語とは、公的というより、極《きわ》めて私的なものです。

一方、**母国語**（**National Language**）とは、母国である国家が公的に採用している言語のことです。なので、私的ではなく、公的なものです。

それは**公用語**（**Official Language**）としての意味合いが強く、言語学的には、母語と混同しやすい母国語ではなく、「公用語」として、ある国・地域が公の場で用いる言語として定められています。

大方の日本人は、ほぼ「母語が母国語&公用語」でもあるため、特に、日本語が母語であるという意識が、そもそもありません。

けれども世界を見渡してみると、母語と母国語が違う、というケースは結構ありますよね。たとえば、マレーシアでいうと、公用語はマレー語ですが、お母さんがインド系であれば母語はタミル語ですし、お父さんが中華系であれば中国語ということになります。

こうして二つの言語が母語であったとしても、公《おおやけ》の場ではマレー語を話すのです。あるいはヨーロッパで5つの国と隣接《りんせつ》しているスイスでは、ドイツ語・フランス語・イタリア語・ロマンシュ語という4つの言語が公用語です。

このように国と言語は一対一で対応しているわけではなく、私たちの多くは日本語が母語で、母国語で、かつ「国語」として学ぶことができる、ある意味、幸せな国の住人だったということができます。

もっとも、日本国憲法では日本語を公用語と制定はしていないのです。ですので、日本語は事実上、日本の公用語になっているということなのですね。

余談ですが、日本語が公用語となっている地域が世界に一つだけ存在するのです。それが、パラオ共和国にあるサンゴ礁に囲まれた小さな島――アンガウル島のアンガウル州で、パラオ語、英語の他に、日本語が公用語となっています。

話を戻すと、赤ちゃんが最初に覚える言語――母語は、本当に大切なものです。

なぜなら、その後、**さまざまな言語を習得しようとも、その人のアイデンティティや思考、信念を形成する礎となるものが、「母語」によって行われる**からです。

日本語が〝たまたま〟母語だった私たち。その意味と特質を、これからじっくりと紐解《ひもと》いていくことにしましょう。

日本語って、したたか？

日本語を母語としない人々にとって、日本語は、学習するのに最も難易度が高い「最難関言語」のグループにランキングされています。

そんな日本語を母語として、自由に操《あやつ》ることのできる日本語話者は、ラッキーであるとも言えます。とはいえ、英語などのラテン文字（ローマ字）の言語を学ぶ際には、言葉の組み立てが違いすぎて、覚えるのに一苦労なんですけれど、ね。

私もしばらくは、「日本語ってダサいな」と思っていたのですが、あらためて学んでいくうちに、「いや、この言葉って実はスゴイのかも」と思うようになり、どんどんハマっていきました。

その理由は「したたか」なんです。

まぁ、この言葉はあまりよい意味合いで使われてはいないのですが、本来の意味は、打たれ強くて手ごわい、しっかりしているという単語です。

どうしてそう感じるかというと、長く続いた文字のない時代（神代《じんだい》文字があるという見方もありますが）から文字ができたとき、当時の中国から文字を借り、わずか数百年で自国流に使いこなせるようになったこと。

遥《はる》か昔、縄文時代にも語っていたであろう言葉が、いまも生き続けているということ。さまざまな外圧（古くは渡来人から蒙古《もうこ》襲来、開国、占領等）を受けても、言葉を失うことなく、残っていたこと（残したこと）。

漢字の他に、平仮名《ひらがな》、片仮名《かたかな》を使いこなし、時代の変化にそって、数字やアルファベット、ギリシャ文字まで、いい意味で「節操《せっそう》なく」、どんどん受け入れては使いこなしてしまうしたたかさ。

しかも、漢字から始まった日本語は「縦《たて》書き」だったにもかかわらず、18世紀に蘭学が日本にやってきた頃からは、「横書き」も取り入れるようになり、縦書きでも横書きでも両方オッケーになってしまうのです。

さらに、同じ音に意味の異なる多くの漢字が存在することも、まるで音と漢字でたどるパラレルワールドのようですし、あるいは、一つの漢字でも異なる読み方が多数存在することも、なんとも捉えどころのない、飄々《ひょうひょう》としたラスボス感さえ漂《ただよ》います。

なかなか、ここまでユニークな言語はないんじゃないかなと思うほどです。

というわけで、曖昧模糊《あいまいもこ》としながらも、情緒があって、どことなく可愛らしい、そんな日本語の奥深さにどっぷりハマってしまった、ワタクシなのであります。

いやぁ、日本語って本当にいいものですね（←懐かしの水野晴郎《はるお》風）。

日本語は今、世界から注目されている？

国際交流基金による、2018年度「海外日本語教育機関調査」によると、世界の日本語学習者は約385万人いるそうです。

ただ、この調査は日本語教育を実際に受けている人の数なので、独自に学んでいる人などを加えるとさらに増えるでしょうし、その後さらに年月を経《へ》た現在は、どのくらいになっているのでしょうね。

さらに、特に学ぶとまではいかなくても、訪日客の増加であったり、世界に広がる日本のアニメやマンガのブームを思うと、日本や日本文化、そして日本語に興味を持つ人が、どんどん広がっていることを感じます。

私は日本語についてのカード（おとひめカード：後述）を、海外（ドイツ）の出版社より出版したことがあるのですが、その際、多くの反響があり驚いた経験があります。

新型コロナの感染症が流行《はや》る前までは、毎年、ドイツの大学で「日本語」についての講演とワークショップを行っていたのですが、その際の熱気が凄《すご》いのです。

公開講座でもあったため、大学生を中心に、中学生から大人まで、多くの方が参加してくださっていました。

とりわけ、若者たちは熱心で、アニメやマンガに出てくる言葉を中心に、日本語への関心を強く示していました。

特に彼らが知りたがっていたのは、日本語のオノマトペの中にあるニュアンスや表現です。音が面白いと、口々に真似《まね》をします。

他にも意外だったのは、『古事記』のストーリーを知っている子たちも多数いたことです。

なにやら現地で流行っている日本のゲームの攻略法として、『古事記』の内容を知っていたほうが有利なのだとか。

彼らの口からごく普通に、高天原《たかまがはら》や黄泉《よみ》の国、伊邪那美《いざなみ》……という言葉が出たときは、正直、目を丸くしてしまいました。

そして、大人たちから聞かれる内容は、日本語の他に、禅《ぜん》や日本酒、浮世絵、カラオケ、中には「シントー（神道）」のことを知りたいという人まで……。

もちろん全体の中の一部ではあるでしょうが、個人的な肌感覚としては、日本ブームが徐々に起こってきているのではないかと感じています。

ところで、あなたは「タタミゼ」という言葉をご存じですか？

タタミゼ（tatamiser 発音はタタミーゼ）はフランス語で、「畳の上の暮らし」という意味です。ニュアンスとしては、日本かぶれという感じでしょうか。

少し揶揄《やゆ》を含んだ表現でもあるのですが、最初にこの言葉が使われ出すようになったのは、19世紀末から20世紀初頭にかけて流行した、浮世絵に始まった日本ブーム――ジャポニズムの頃だったといわれています。

それが、近年になって再び、日本へと留学した外国人学生を中心に、「おまえ、タタミゼ（タタミ化≒日本化）したの？」といったニュアンスで、使われるようになったのだとか。

どのようになるのかというと、人との接し方が柔《やわ》らかくなったり、性格が温和《おんわ》になったり、協調的になるなどの変化が起こるそうです。

このことを「タタミゼ効果」と呼び、徐々に国際的にも使われるようになってきました。

その鍵を握《にぎ》っているのが、なんと「日本語」だったのです。

日本語を学ぶと、いつのまにか「タタミゼ」されて、

「穏《おだ》やかになる」

「優しくなる」

「平和的になる」

「我《が》を張らなくなる」

「非戦闘的になる」

「協調的になる」

「思いやりを持つようになる」


などの変化が生まれるとのこと。

本当にそうなのかなと思い、日本語を流暢に話せる友人のフランス人に聞いたら、「やはりそうだね。言語によって性格が変わるんだ。特に日本語で語ると、穏やかないい人になってしまうよ」とのこと。

「えーっ、そうだったんだ。そんな日本語を話せるフランス人って、スゴイね」というと、彼はすかさず答えました。

「ありがとうございます。おかげさまで」と。

なんだか、きていますよー。令和のジャポニズムブームが起こる前兆《ぜんちょう》なのでしょうか？

これからの流れを楽しみに見守りたいと思います。

日本語ってどんな言語？

――日本語プロフィール

では第一章の終わりに、あらためて私たちが普段語っている日本語について、大まかな全体像をつかみたいので「日本語プロフィール」と題して、日本語とはどんな言語なのかを眺めてみたいと思います。

◎誰が喋っているの？

主に日本国内に居住する日本国民が語る言葉。事実上の公用語となっている。

◎日本語の起源は？

まだよくわかっていない。起源不明、系統不明で孤立言語といわれる。言語学上同じ系統の言語の一群を語族というが、現在において、同系統の語族が見つかっていない。そのため、日本語と琉球《りゅうきゅう》諸語を合わせた日琉語族、あるいは日本語族として独立した位置づけとなっている。

◎どのくらいの人々が喋っているの？

主に日本国民の数（1億2千万人以上）。

世界の母語話者の中では9番目の数。

◎どんな文法なの？

主語・修飾語・述語の順で構成される。言語形態としては膠着《こうちゃく》語（助詞などの機能語が名詞や動詞などに接続して構成される言語）と呼ばれる。

◎どんな語彙《ごい》を持っているの？

古来の日本語（和語・大和言葉）の他、漢語、外来語、混種語がある。

◎表記体系は？

音読みと訓読みのある漢字と平仮名、片仮名が中心。三つの文字を組み合わせながらつくる言語は世界的に見ても珍しいとされる。この他にも、ラテン文字（ローマ字のこと）やギリシャ文字（αやβ、Ωなど）、算用数字（アラビア数字）なども使われる。

◎書き方は？

縦書き、横書き、どちらでもよい。

◎日本語は一種類だけ？

多様で豊かな方言がある。

◎日本語の母音はいくつあるの？

あ・い・う・え・おの五音。

◎日本語とポリネシア語にしかない特徴は？

ほぼすべての音韻が母音で終わる開音節の言語。音の分節単位である「拍《はく》」を持つ（よって一音一音がはっきりと聞こえる）。高低のアクセントを持つ。

◎日本語の人称代名詞は？

一人称、二人称とともに、バラエティ豊かな語彙を持つ。

◎日本語の活用形はどんな種類があるの？

未然形・連用形・終止形・連体形・仮定形・命令形の6つ。

◎日本語でよく使われる音象徴の言葉とは？

オノマトペという。擬声語・擬態語・擬音語として豊富な種類がある。

◎日本語は敬語が多い？

敬語が文法体系に組み込まれている。敬語の種類としては、尊敬語・丁寧語・謙譲語がある。敬語は話者と聞き手の関係性によって話法が変わる。

◎日本語の喋り言葉の特徴はある？

男女によって語り口調が異なることが多い。
敬語やオノマトペも多く、かつ主語も省略されがちで曖昧な表現が多いといわれる。

◎日本語は曖昧？

文脈依存度が高く、同じ文でも状況によって異なる解釈をされる。また、文脈の他に、背景や状況など、言語以外の含みを多く持つハイコンテクストの言語だといわれる。

……と、箇条書きで記述してみましたが、どうか、学生時代の退屈だった（かもしれない）授業を思い出して、本を閉じないでくださいね。
覚えないと次に進めないわけでは決してありません。さらりと流していただいてもまったく問題ありませんので、安心して頁を進めてくださいね。

というわけで、基本プロフィールがわかったところで、ここから日本語について再発見できる、「日本語ふしぎ発見!」「なるほどザ・日本語ワールド」が始まります♪

第二章

言葉とは何だろう？

第二章では、言葉とは何なのかということを、多角的なアプローチで掘り下げていきます。

まず、人類はなぜ言葉を必要としたのか、さらにどうやって言葉を獲得《かくとく》し、事象・事物にそれぞれの音を入れていったのかを考察していきます。

その上で、一音一音に潜《ひそ》む語感とニュアンスを紐解《ひもと》き、本質的な意味を「翻訳」していく実践ワークをご紹介致します。

言葉という存在

私たちが毎日語っている言葉。脳内や心の中にも声にならない言葉があって、もちろん声として出るものも言葉となって現れる。

当たり前すぎて普段疑問に思うこともないですが、よく考えると不思議な存在ですね。

さて、言葉とは何かを辞書で調べてみると、**人が声に出して語ったり、文字に書いて表したりする意味のある表現のこと、**であったり、**言語として音声や文字によって人の感情や思想を伝える表現法**である、とされています。

うーん、なるほど然《しか》りですね。

他にも、**単語や語句のこと、言い方、会話の部分なども「言葉」として言い表す**ということで、一言、言葉といっても使い方は結構幅広いようです。

そんな言葉について、あらためて考えてみることにしましょう。

そもそも言葉はいつできたのでしょうか？

人類——ホモ属がアフリカで生まれ、現生人類であるホモ・サピエンスとなったのは30万〜20万年程前といわれています（諸説あります）。

その後いまから約7万年前に人類は出アフリカを果たし、数万年かけながら長き旅路に出ることとなりました。

時はまだ氷河期。身の凍《こお》るような寒さの中、彼らは果敢《かかん》に歩を進めたのでしょう。もっとも南側であればまだ温暖であったでしょうが、その分、生存を脅《おびや》かす野生動物がいるなどして、どちらにしても過酷《かこく》な自然環境の中、懸命に生き、いのちを繋《つな》いでいったのだと思います。

また、丸木舟を使って海へと漕《こ》ぎ出し、果敢に大海原を航海していく者もいたでしょう。そんな屈強《くっきょう》な身体と勇気を持った者が、とうとうたどり着いた森の楽園——そこが日本列島でした。

火山列島だったこともあり、比較的あたたかく、森や海の幸が豊富で、何よりそのまま飲める、腐《くさ》らない生の水（湧き水）も豊富にあったからです。

というわけで、彼らが旅したグレートジャーニーに想いを馳《は》せてほしいのですが、この間、彼らは無言だったのでしょうか？

答えは否です。何かしらの伝達手段、コミュニケーションをとる方法がなければ、集団での移動は無理だからです。

どこに食べ物があるのか、どの方角に向かったらよいのかなど仲間同士で情報を共有しなくてはならないでしょうから、その際何らかの音声を発し、その音声に意味を持たせて、言葉の原型のようなものが出来上がっていったと考えられます。

こうして言葉は、民族や共同体が、長き時間をかけて培《つちか》ってきた、大切なコミュニケーションツールとなり継承されるようになったのです。

言葉の中には、その言葉を〝つくらざるを得なかった〟先人たちの必然と背景（バックボーン）があり、必要だから生まれたと考えることもできます。よって言葉の中に、民族や共同体の考え方や価値観、精神性や文化などが内包《ないほう》されています。

日本においては約3万8千年前より人類が住み着き、遊動生活をしながら数万年暮らしていました。そして1万6500年前の縄文時代からは狩猟漁撈採集《しゅりょうぎょろうさいしゅう》をしながらの定住生活が始まったのです。その頃から話していたとされる言語のことを原日本語と呼びます（アイヌ語も話されていたといわれています）。

原日本語のことを別名、**大和言葉、和語**といいます。ヤマやカワ、ウチ、ソト、ウミといった言葉（主に**訓読みの単語**）は、日本に古くから言い伝えられてきた言葉です。

その比率は現代日本語の中の**約3割**。いまでも、遥《はる》か昔、栗や魚を食べ、猪を追っていた人々の言葉が残っているなんて、凄《すご》いことだなぁと思います。

ちなみに和語の他に話されている言葉が、**漢語が5割、外来語と混種語で2割**です。

もしかしたら、いまではもっと外来語が増えているのかもしれませんが。

言葉の中に刻《きざ》まれた人類の歴史や、先人たちの労苦をねぎらいながら、言葉を大切に扱っていきたいものですね。

人間が観ている世界、動物が観ている世界

ここであらためて、人間と動物が観ている世界の違いについて考察してみたいと思います。

まずは、ぱっと思いつく動物たちを思い浮かべてみてください。飼っているペットでも象やライオンでもオッケーです。

その彼らが接している世界――外部環境は、彼らと直接的に、**ダイレクトな状態で関わり合っています。**たとえば、寒いとか熱いとか、でこぼこしている、といった具合です。

一方、人間はどうなのでしょうか？

もちろん、外部の環境を同様に感じているのですが、その際に一つ何かを仲介した状態で、外の世界を認識しています。

つまり、人間は外部環境と直接接しているわけではなく、コネクターであり、変換装置ともなる中間領域を通して、外部環境を把握《はあく》するというしくみになっています。

それが**「言語空間」という仮想世界（仮想空間）**です。

言葉という仮想の空間をつくり、概念を規定・認識することによって、外なる世界を把握していた、というのが人間ならではの特徴だったのですね。

現実は胡蝶《こちょう》の夢かもしれない、なんていわれることがありますが、まさしく言語というバーチャル空間を通して世界認識をしているのだと考えれば、言い得て妙かもしれません。かつ、同じ出来事や環境の下に置かれたとしても、介在《かいざい》する言葉の質が違えば、外部世界の解釈も変わるわけなので、そう考えると、言葉が持つ役割はかなり重要であるといえます。

私たちは言葉によって、外部世界を始め、あらゆるものやことを認識しています。**それぞれの言葉が持つ認識世界（概念や質）の違いは、外部世界の認識そのものに影響を与えます。**たとえ同じ対象を指す言葉であったとしても、それぞれの人が認識する言葉の定義が違えば、見える世界も異なる、というわけです。

たとえば「旅をしたほうがいいですよ」と言われたとして、一人は湯煙立つ温泉旅行を思い、もう一人は海外旅行を思う、といったように。

余談ですが、人間関係の軋轢《あつれき》が生じた場合、しばしば、こうした言葉による定義づけ、認識の違いが潜《ひそ》んでいることがあります。その場合、相手の想いを察しつつ、お互いの認識や次元を揃《そろ》えることで、元の鞘《さや》に収まり、うまくいったりもします。

同じ言語の、同じ語彙《ごい》の中にあっても、このように認識の違いが生まれるので、別な言語であれば、なおさらのこと。

それぞれの文化や価値観が育まれた中で醸成《じょうせい》されたものが「言語」となって話されているのですから、日本語には日本語の質感を伴った外部世界が広がり、英語には英語の質感を伴った外部世界として、世界認識がされているものと思われます。

たとえば、日本語には「五月雨《さみだれ》」「梅雨《つゆ》」「春雨《はるさめ》」「時雨《しぐれ》」「秋雨《あきさめ》」「小雨《こさめ》」など、雨を表す表現が豊かにありますし、降る様子も「しとしと」から「ザーザー」まで、擬音語として雨の量や勢い、雨音まで、それにぴったりとした言葉がすでに用意されています。

こんなにもたくさんの単語があるのは、雨がよく降るからといえます。

一方、雨があまり降らない砂漠地域の言語には、ラクダに関する言葉が多くあります。たとえば、ラクダはアラビア語で「ジャマル」ですが、それは8歳以上のオスのことで、6か月までの赤ちゃんラクダは「ハワール」、1年までなら「マルフード」といったように、ラクダの年齢や性別などによって、細かく分かれているようですよ。

日本語の「牛」の表現が、英語圏では、cowの他に、bull、ox、beef、cattle、calfといった名に分かれるのと似ていますね。このように言葉は暮らしと結びつきながら、それぞれの必要に応じて最適化され、言葉を通した世界認識が生まれています。

このことを理解した上で、互いを比べて優劣《ゆうれつ》や正否《せいひ》を測《はか》るのではなく、**互いの違いを面白がり、尊びながら、**それぞれの国や文化、人と交流していければと思っています。

二足直立歩行と、言葉の獲得

人間が言葉を獲得できるようになったのは、「二足直立歩行」ができたからだといわれています。動物のように4本足で歩くのではなく、後ろ足となる部分で立ち、前足となる部分が手となって、私たちの遠き先祖である原人は、大地の上で垂直に立ち、二足歩行をしながら暮らすという生活を始めました。

我が子の話で恐縮ですが、子どもがハイハイの状態からつかまり立ちをし、やがて1歳をすぎた頃には、立ち上がって一歩踏み出す。そのときの、誇らしげな顔は今も忘れることができません。

我が家には3人の子どもがいるのですが、3人ともそうでした。

言葉にすると……とうとうニンゲンになったぞ！ という矜持《きょうじ》でしょうか。

その瞬間から、受け身としての赤ちゃん顔から、目の奥に気概《きがい》と英知を感じる幼児へ変身するように感じました。

さて、人類が二足直立を果たしたことにより、喉《のど》に変化が起きます。口腔《こうくう》内と咽頭腔《いんとうくう》の位置関係が90度となったため、口腔内の共鳴空間を広げることができるようになりました。それにより、息の出し入れや強さなどがコントロールしやすくなったのです。

さらに発声を司る咽頭も発達したことで、肺から上がってくる息（呼気《こき》）を、声帯を通して口腔内に送り込み、唇や舌、歯などを使って、複雑で細分化された高度な発声をすることが可能となったのです。

二本の足で立つことができたということが、言葉の獲得と発達において、大きな意味を持っていたのですね。

ただし、いいことだけじゃないんです。

動物では二つに分かれている、食べ物の通り道の咽頭と、空気の通り道である喉頭が、人間の場合は分かれていない（途中から枝分かれしている）ため、言葉を獲得する代わりに、食べ物が気管へと入ってしまう誤嚥《ごえん》リスクが増えてしまった、というわけなのです。

たとえリスクがあろうとも、言葉を獲得した人類。

言葉はその場で語られるだけではなく、世代を超えても継承されることから、人は後世に向けて文化を蓄積できるようになり、現在へと至って、その恩恵を今も私たちが受け継いでいる、ということなのです。

言葉を語ることができるということ、伝えることができるということ、言葉を通して過去と今、未来が連《つら》なっているのだということ、その一つひとつが愛《いと》おしく貴《とうと》く思う、昨今です（たまに唾が気管に入って咳《せ》き込むのも仕方ないかぁ……）。

オノマトペと模倣《もほう》

「オノマトペ」って、なんだか面白い響きですよね。

自然界の音や声、物事の状態や動きなどを音声で象徴的に表した言葉を指す言葉です。

日本語でいうと、音象徴語。

もともとは古代ギリシャ語の「onoma（名前）」と「poiein（つくる）」を組み合わせた、「onomatopoiia（オノマトポエイア）」から来ているといわれています。

オノマトペの種類には、擬音語や擬態語、擬声語があります。

ゴロゴロやザーザーなど、実に豊富な種類があるのですが、日本語は多言語に比べて、オノマトペが多いといわれているのです。

『擬音語・擬態語4500　日本語オノマトペ辞典』（小学館刊）には4500語が掲載さ

れていて、一説には中国語の3倍、英語の4倍あるといわれているオノマトペ大国であります。もっとも、ネット社会の影響で、オノマトペは今も新しくつくられていることもあり、実際は1万語近くあるのではないかともいわれているのです。

たとえば今や誰もが知っている「モフモフ」という言葉は、2000年代に入ってから急速に広がったものです。

語幹のモという、柔らかな集まりを想起させる音に、フというふわふわした軽い質感を感じる音が集まってできたモフモフ。

最近は「モフる」といった動詞にまでなって、可愛いペットたちに使われていますよね。実際私もネコの絵を描いて「MOFUCO」（モフ子）というタイトルにしたこともありました（笑）。

言葉は生き物のごとく、新しく生まれたり、消えたりしていきます。その中で最も素朴でシンプル、かつ感性に直接訴えかける表現がオノマトペなのです。

日本語は英語などと比較すると、動詞と形容詞が少ない言語であるといわれています。

たとえば、カラスもカエルもネコも虫も皆「鳴く」の一択です。けれどもそこに擬音語

「MOFUCO」@Miyuki Hasekura

を入れると、カラスはカァカァ、カエルはゲコゲコ、ネコはニャーン……と「鳴く」ので、動詞や形容詞の種類が豊富でなくても、それほど気にならないのですね。

実はこの日本のオノマトペ、いま、海外の若者たちを中心に、注目されていることをご存じですか？

理由は日本のアニメ（マンガもですが）です。たしかに、アニメやマンガってオノマトペの使用率がとても高いですものね。

知人で日本のアニメをアメリカで放映するための字幕を担当している方がいるのですが、その方曰《いわ》く、苦労するのがオノマトペの扱い方だそうです。

日本人ならすぐにわかるオノマトペが、英語にすると存在していないものも結構あるため、意味を説明したり、似たような表現に置き換えるなどして、工夫をしているそうです。ただ、最近は日本語音声のままアニメを見る人たちも増えてきて、字幕で見る人も多くなってきているため（そういえば私が出会ったイタリアの若者たちもそうでした）、オノマトペに関する感度も上がってきているのだとか。

では、こうしたオノマトペの音（音声）は、どうやって出来上がったのでしょうか？

たとえば、川の流れる音は「サラサラ」、雷は「ゴロゴロ」、吹き出物は「ブツブツ」……。これは実際に発音してみるとわかるのですが、観察した対象物の様態《ようたい》を、口腔内で模倣しながら再現しようとした音が、オノマトペという言葉となっているのです。

こうして、**発声という人間に与えられた能力を使って、見たものを見たままに真似《まね》て、発話することで受けとる感覚質（クオリア）――発音体感が、対象物と音との関係性を示しているのです。**

たとえば、「k」や「g」で始まるオノマトペをイメージしてみてください。

そうですね……「コンコン」「ゴンゴン」「ゴーッ」といった響きでしょうか。この音素は、固い表面を叩いたり、空洞《くうどう》を通る音によく使われます。

次に、「t」や「d」で始まるオノマトペはありますか？

たとえば、「トントン」や「ドンドン」「ドーン」です。この音素は、張り詰めていない表面を叩くときによく使われます。

さらに、「s」や「z」で始まるオノマトペはいかがでしょう？

これは、「スーッ」や「ズズーッ」のように、滑《すべ》りがよかったり、摩擦《まさつ》が多い音素となります。

最後に、「p」や「b」から始まるオノマトペはどうでしょう？

これは、「パンッ」や「バンッ」のように、張りがあったり、あるいは膨張《ぼうちょう》した表面が破裂《はれつ》するときによく使われる音素ですね。ぜひ、実際に発音してみてくださいね。

やってみると、響きと質感、そして口腔内の動きが似通っていることが体感として感じられるかと思います。

オノマトペの響き――なぜ、そのような音の組み合わせになるかといった理由は、**事象や事物と見合う、相応《ふさわ》しい音が選ばれることによって出来上がっていた**からなんですね。

これが言葉の始まりであると私は考えています。

さらに、オノマトペとして語られる前の一音一音の響きには、個々の音が有している心象イメージと感覚質（クオリア）――**発音体感**があります。

つまり、音一つひとつに、**語感とニュアンスがある**ということです。

一例をあげてみますね。たとえば「きー」と発声すると、少しキツイ感じがしたり、強さや尖った感覚をイメージできませんか？

言語学的に「き」の音声は軟口蓋《なんこうがい》から発せられる破裂音というものになります。発語するときは、口を横に広げて、強く出さないと発することのできない音声です。

よって、この音からイメージされる語感とニュアンスは、強さや激しさ、エネルギッシュなものを想起させます。

たしかに「きーっ」となるときは強く激しそうですよね（笑）。

もう一つあげましょう。ぜひ、両手を伸ばして「あー」と発声してみてください。

その音声は肺から上がった息が、どこにもさえぎられることなく、自然と出ていく自然音です。すると、のびのびと解放されて、ニュートラルかつナチュラルな状態へと戻りやすくなるのですね。

このように、**事物・事象を観察し、模倣した口腔内での運動（音声）**がベースとなることで、**そこからもたらされる心象イメージが発生する**ということ。これが、言葉が言葉として、意味なすものとして形成される前の、原型となります。

やがて**事象・事物にそった音声が連なり、定着化することで、ものに「名」がつけられていく**わけです。

まさしく**「名は体を表す」**ですね。

とはいえ、言葉は時代とともに変化するものですし、何より歴史的変遷《へんせん》を経て、ほぼすべての言語は、自然発生的な言葉の発達を踏襲《とうしゅう》することはありませんでした。

これも歴史的必然といえば必然であるといえます。

けれども……地球上でただ一つだけ、残っていたのです。それが、日本列島で話されていた言葉だったのです！　というわけで、続きは次節にて……。

日本語は、ガラパゴス言語⁉

四方を海に囲まれ（しかも潮《しお》の流れの速い荒海《あらうみ》）、深い森があり、侵略がしにくかった土地。かつ歴史においても幸いなことに、本格的な侵略はされなかったため、原初からの言葉の形態が、奇跡的に残ったままで途切れることもなく、ゆるやかに変化しながら温存され今へと至った言葉――それが日本語の正体です。

よく日本はガラパゴス化していると揶揄されることもありますが、我らが語る言葉は、なんと誇らしきガラパゴス言語だったのでしょう。堂々と「はーい、ガラパゴスでーす。素敵ですよね」と言いたくなる私です♪（↑ちょっと落ち着こうか、の独り言）

言葉は民族とともに生き、民族とともに滅びる運命をたどります。たとえば、もし蒙古《もうこ》襲来《しゅうらい》で征服されていたら、私たちは中国語を話していたかもしれませんし、幕末期の舵取りを間違えたら、植民地化されていたのかもしれません。

また第二次世界大戦がもっと長引いていたら、日本語ではなくロシア語や英語が公用語になっていたのかもしれないのです。

けれどもちゃんと古代からのものが、国土と国家を持ったまま、精神性や価値観、文化を有したまま「言葉」の中に内包されながら残ってくれた――それが、私たちの住む国、日本であり、日本語です。

日本語は、**有史以前の古い言語の形態をある程度有したまま、現在へと踏襲されている言語ですが、そのような原始的な言葉を語る民族が、いまも1億人以上、地球上に存在し、喋り続けている**のです。これぞ奇跡ではないでしょうか。

たとえば、1300年前に書かれた『古事記』を、現代の私たちが読んでも、何となくわかる、ということ自体が通常、あり得ないことなのです。

そこには、日本語の一音一音の中に、**有史以前から積み上げてきた、日本人の豊かな感性が語感（ニュアンス）となって織り込まれていますし**、一音で、さまざまな意味をもたらすことのできる言葉（例：歯、葉、刃……）など、**論理的な多様性**にも満ちています。

日本語とは、森羅万象の中で、素直で素朴な感性をもって、物事をあるがままに捉《とら》え、ありのままに表現しようとした、祖先たちの営みの結果としてもたらされたものです。

そして同時に、**厳しくも豊かな自然環境の中を生き抜いた先人たちの、魂のほとばしりが折り畳まれている**ものでもありました。

こうした日本語の、一音一音の響きが持つ語感とニュアンスには、事象と事物にそった音声（模倣としての音）が選ばれています。

古代ギリシャの哲学者で、ソクラテスの弟子だったプラトンの著書に『クラテュロス』というものがあるのですが、そこでソクラテスとクラテュロス（この人も哲学者）との対話が残されています。

そこに書いてある「ことばの正しさについて」の内容を、簡単に現代風の言葉で要約すると、事象・事物とつけられた名前が一致している（適している）のであればその名前は最高に素晴らしく、その逆であるならば、最悪になってしまうよね、というものです。

もっとも、ソクラテスはその後で、そのような言葉があったら見てみたいものだ（つまり、無いけれどね）と続けていくのです。

……ああ、ソクラテスに伝えたい。日本へ、ようこそって。

東の果ての日が昇る地の島々で、事象・事物を一致させて言葉の名前をつけ、1万年の長きに渡り、継承してきた国がちゃんとありますよと。

さらにこの話は奥座敷へと続くのですが、それは、古代人が感得した一音一音の発音体感（語感とニュアンス）を紐解くことで、国や人種、言葉の壁を超えて繋《つな》がり合う世界の地平を垣間《かいま》見られるかもしれない、ということです。

その**鍵が、日本語の「音」の中にある**のです。

音と振動

あらためて「音」とは何かについて考えてみましょう。

音とは何かを一言で表すなら、それは**「振動」**です。音という振動は、さまざまなものを介して伝わっていきます（ちなみに振動が伝わっていく現象のことを、「波」あるいは「波動」と呼びます）。

たとえば、空気（気体）や水（液体）、金属（固体）といったものです。何も伝えるものがない「真空」の状態では、音が伝わらないのですね。

音は八方に拡散し、波打ちながら到達する性質を持っています。

空気中だと秒速340mで拡散し、水中だと1500mにアップします。そして鉄や骨の中ではなんと5600mとさらに速まります。

私たちの身体の約7割が水分と骨でできているため、意識するしないにかかわらず、たくさんの音（自然音や機械音など）を全身で浴《あ》びているのでしょう。

その中で最も身近な音で、しかも意識を寄せて聞こえてくる音が、音声という音です。落ち着いた柔らかな声や、持続母音（伸ばす母音。すべての音を長めにいうと持続母音になりますね）の響きは、人の心を穏やかにさせ、和《なご》ませる振動があります。

他にも、自然界から聞こえる音――波の音や川のせせらぎ、鳥のさえずり、虫の音なども、心を落ち着かせてくれる働きがあります。

というのは、その中に1／fゆらぎという規則性と不規則性の間を行き来する「振動」が含まれているからであるといわれています。

それらの振動リズムを聴くと、私たちの身体の緊張が解け、リラックスするとされているのですが、私たちを含む生物は、身体の中に、自然界と同じ1／fゆらぎを持つ生体リズムが備わっているため、より共鳴しやすいのでしょう。

とりわけ日本人は、自然界の音色も声として聞こえてしまうこと（詳しくは後述します）、**母音の音の広がりと自然界の音の広がりが似ている**ことから、親和性をもって感じるのだ

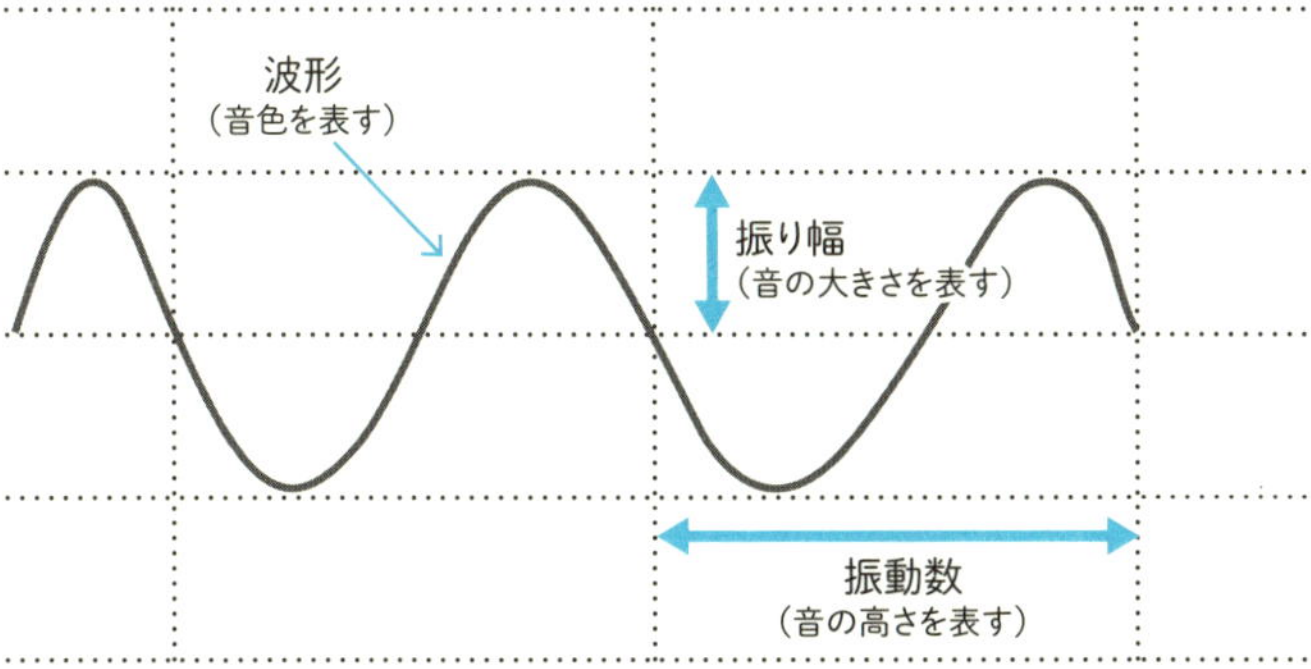

と思います。

さて、音の正体である「振動」にフォーカスして、「振動」という観点からもう少し広く世界を見渡してみたいと思います。すると、**音だけに限らず、色や形、あらゆるすべてのものには固有の「振動」がある**ことがわかります。このことを知ったとき、私は眠れぬほどの衝《しょう》撃《げき》を受けました。いまから30年ほど前のことです。

すべてにある固有振動ということを思いながら、夜空を見上げると、瞬《またた》いている星のきらめきや、動物、植物、鉱物でさえも、振動波形があり、振幅があり、波長があるのだと思うと、胸がいっぱいになりました。さらにすべての物質の最小単位である「量子」においても振動していることに気づくと、頭がクラクラしたのです。

このことを突き詰めると、**振動が世界を形成してい**

るということになります。星も花も虫も鳥も、そして私たち人間も、振動している存在(Being)です。つまり、あらゆるものは皆、振動を通して繋《つな》がっていた、ということです。

その中でも、意識的に内から発することのできる振動――音声は、その人自身を表すだけではなく、社会を映し出す鏡として、とても重要な役割を担《にな》っています。

「あ〜」という音声には、その音声ならではの波形や波長、振幅があり、固有振動を持っています。同様に「い〜」や「う〜」「ら〜」といった他の音声でも、それぞれに見合った固有振動があり、実際語るときは、それぞれの人が語る声帯や音域、倍音などによって、異なる音色を放ちながら、同じ音声の音となって聞こえます。

音は振動であり波です。

その視点から、日本語の持つ一音一音についての特徴を観察していくことにしましょう。

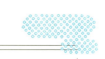

一音一音が持つ語感とニュアンス

2014年の夏、私は日本語の一音一音の響きが持つ発音体感を、アートと言葉にして発表しました。その名を「おとひめカード」といいます。

「おとひめ」という言葉は、竜宮城《りゅうぐうじょう》に住む乙姫様の「おとひめ」と、音に秘められた秘密の扉を開けるという意味の「音秘め」を掛け合わせたネーミングです。

カードの着想を得たのが2002年ですので、ちょうど12年後に完成したことになります。最初にできたカードは、ビジネスや家庭、教育現場など、多くの方から好評をいただきました。私のほうは、カードの使用法や日本語の奥深さを伝える「おとひめ講座」として、セミナーなどをしていたのですが、再版を重ねつつも完売となっていました。

その後、いろいろなお話をいただいたのですが、なぜかピンと来ないのです。それできっと今は時期ではないのかもしれないと思い、個人的には日本語探求を続けつつも、カード自体はまったく手に入らない、という状況になっていました。

そんな中、初版から10年後（着想を得た日から数えるときっかり22年後の同日）、本書の発行元であるきずな出版との不思議なご縁に導かれ、「おとひめカード」が装《よそお》い新たに出版される運びとなったのです。おそらく時が満ちた、ということなのでしょう。

加えて、カードの背景となる概念《がいねん》や日本語の奥深さについて、こうして本書を通してお伝えすることもできているのです。ただただ有難い想いでいっぱいです。

さて、カードには、日本語の絵カルタのように、文字面とアート面があります。

文字面には、日本語の一音一音が持つ語感とニュアンスが綴《つづ》られています。

アート面には音からイメージされる絵が描かれているのですが、どのようにして描いたかというと、文字の音声を発したときに、脳裏に浮かぶ映像をもとにして描きました。

共感覚者だからなのかもしれませんが、毎回ほぼ一緒の姿となります。

それはいつも驚くほどの高速回転で、光と色、形が揺《ゆ》らめきながら立体映像で現れます。

それを二次元平面上で写し取るように描いています。

本書のカバーの裏面に五十音順に並べた絵がありますので、ぜひアートと見合わせながら、自分のお名前などを調べてみてください（横列が「あかさたな……」で、縦行が「あいうえお」の順番となっています）。

次に、文字部分についてですが、何が記されているかというと、音の持つ語感やニュアンス、シンボル文などが階層別（量子場訳、共振場訳、象徴語訳、チャイルド訳）に記されています。記述するにあたっては、古史古伝の他さまざまな文献を読み込むことから始め、関連する言葉の収集、聞き取り調査、瞑想《めいそう》と考察を行い、物理学者など、友人の研究者たちの協力を得ながら言語化したものです。

カード自体はシンプルなものですが、年齢問わず誰でも使えて、さまざまな用途で使うことができます。

とりわけ興味深いのは、さまざまな音で語られている世界の言語でさえも、日本語の音（母音のある音）に変換してしまえば、訳せてしまうことです。信じられない……でしょうが、言葉も「音」まで解体し、イメージ言語で訳していくと、どんな言葉であっても同じような意味合いとなってしまうのです！

ここにカード部分の「三層訳」を、五十音表として並べたものを掲載します。

	な		た		さ		か		あ
E	核・重要なもの	E	分かれる	E	さえぎり・励起・活性化	E	力	E	感じる・生命
K	調和・生成発展なごやか・一体化	K	高くたくさん現れる・明るく積極的	K	細やか・繊細・聖なるもの	K	見えない働き・深遠なもの・強きもの	K	愛・天・空・開く
O	Core（核）	O	Action（行動）	O	Activation（活性化）	O	Power（力）	O	Love（愛）
	に		ち		し		き		い
E	圧がかかる	E	凝縮	E	示し・止	E	エネルギー・気	E	伝わるもの・陰
K	安心・信頼・工夫・熟成・行動	K	縦の流れ・エネルギー・力の元・力を込める	K	静けさ・静める・統一・指し示すもの	K	強さ・激しさ・パワー	K	光・風・生命・活動
O	Trust（信頼）	O	Strong（強い）	O	Unity（統一）	O	Energy（エネルギー）	O	Light（光）
	ぬ		つ		す		く		う
E	突き抜く・突出	E	集まる	E	一方方向に進む	E	引き寄る	E	生まれ出る
K	一様にする・表面の充実・無限大	K	連なり集まる・つながり続く・集う	K	通過・根源・素の響き	K	結合・繋がり・堅実さ	K	統合・根源・火・内側の充実
O	Breakthrough（突き抜ける）	O	Gather（集う）	O	Origin（根源）	O	Tie up（くくる）	O	Oneness（生まれる・ワンネス）
	ね		て		せ		け		え
E	充電する・充たす	E	発信・放射	E	引き受ける	E	放出する	E	うつる（移る・写る・映る）
K	根っこ・根源・根元・満たされる	K	積極的な行動・サポート・本体から出ているもの	K	近寄る・急ぐ・近くにある大切なもの	K	表面に出てくるもの・食物・気配	K	進化・枝分かれ・伸びゆく・水
O	Charge（充電）	O	Light up（照らし出す）	O	Accept（受け入れる）	O	Release（放つ）	O	Evolution（進化）
	の		と		そ		こ		お
E	時間をかける	E	統合・止まる	E	外れる	E	転がり入る・転がり出る	E	奥深い
K	接続・見渡す・見晴らしの良さ	K	境目・節目・定まる・統合	K	寄り添う・上向きになる	K	凝り固まる・凝り集まる・完成する	K	偉大・重要・きずな・安定・感動
O	Overlook（見渡す）	O	Integration（統合）	O	Upward（上昇）	O	Complete（完成する）	O	Bonds（絆）

	ん	わ	ら	や	ま	は
E	かかる音の意味を強める	調和	場	飽和・穴に入る（出る）	受容・ゼロポイント	引き合う
K	宇宙意識・完成・集中・内なる優しさ	円満・充足・和・環・地・愛の具現化	変化・変革・渦・らせん・太陽・開放	強い発動・たくさん・安定・打破	真理・真実・本質・本源・宇宙・時空・中心・真ん中	前へ出る・明るく強く出る・快活
O	Universe（宇宙）	Harmony（調和）	Vortex（渦）	Full（満たされた）	Center（中心）	Burst（はじける）
		ゐ	り		み	ひ
E		存在	離れる		実体・本質	根源からの出入り
K		実在・ある	加速・飛翔・繊細・革新・飛散		優しさ・本質（真理）・水気・実・身	日・陽・火・エネルギー・スピリット
O		Being（存在）	Fly（飛翔）		Essence（本質）	Spirit（精神・魂）
			る	ゆ	む	ふ
E			留まる・停止する	湧き出す	拡がり見えなくなる・誕生	増える・負
K			安定軌道・止まる回旋・循環・内部充実	ゆるやか・ゆらぎ・湧いてくるもの	新たに生まれる・内なる躍動	振動・栄える・先へ進む・上から下へ降りるもの
O			Circle（輪・円）	Well up（湧き上がる）	Birth（生まれる）	Increase（増殖）
		ゑ	れ		め	へ
E		届く	消失する		指向・思考・芽	辺縁・外側
K		緩む・ほどける・届ける	回転の拡散霧消・誘発・消える・変化・尊敬・受動		愛しいもの・柔らかく伸びるもの・志向性	へり・へさき・肯定・波から波へと動くもの
O		Reach（届く）	Go out（外へ出る）		Intention（意思）	Vibration（振動）
		を	ろ	よ	も	ほ
E		奥に出現する	空間	新しい・陽	漂う	引き離れる
K		偉大なる終了・力強いもの・パワーアップ	回転の極み・変化・囲い・大物	移り変わる・優しく根付く・きざし・仲間	小さく柔らかな集まり・増殖・包容力	ふくらみ・ゆるやかに出る・立ち昇る
O		Power up（パワーアップ）	Space（空間）	New（新しい）	Expand（拡大する）	Rise（立ち昇る）

◉おとひめカード五十音表［三層訳］より

音から紐解《ひもと》く
――言葉の持つ本質的な意味

では、前頁の五十音表を使って、実際に訳してみましょう。

こちらは音の持つ特質――発音体感をイメージ言語として、三種三層に分けて記載しています。イメージ言語とは、音や感情、思考との繋がりを始め、すべての物質や事象の基底部である音と量子場との働きを、三層の異なるレベルで捉えて言語化したものです。

それぞれのレベルで訳しても良し、三つを交えながら、自然な日本語となるよう変換したり、自分にとってしっくりくる言葉に変えても良し、といった感じです。

どうぞ、細部にとらわれるのではなく、音全体からくる語感とニュアンス、多義多様性を、丸ごと感じとった上で、表現してみてくださいね。

なお、三層訳の簡単な説明ですが、「E」は「エッセンス（量子場）訳」といい、音が持つ量子の振る舞いの様子を言語化したもので、「K」は「キーワード（共振場）訳」で、エッセンスの要素が同調共振して集まった仲間の言語となります。「O」は「ワンワード（象徴語）訳」として、音が持つ代表的な量子の波を一音でシンボル化したものです（カードには子ども用のチャイルド訳もありますが、本書では割愛《かつあい》します）。

では具体的に「今＝い・ま」という言葉を使って、音から本質的な意味を紐解いていくことにいたしましょう。

エッセンス訳：い＝伝わる、ま＝ゼロポイント
キーワード訳：い＝生命の、ま＝真ん中
ワンワード訳：い＝「Light」光の、ま＝「Center」中心

……なるほど、という感じです。

では、私たちの住む国「に・ほ・ん」はどうでしょう？

エッセンス訳：に＝圧がかかって、ほ・ん＝強く引き離れたもの
キーワード訳：に＝醸成されて、ほ＝立ち昇った、ん＝宇宙意識
ワンワード訳：に＝「Trust」信頼して、ほ＝「Rise」立ち昇った、

ん＝「Universe」宇宙

……おおっ、そう来たか、ですね。せっかくですので、日本語（に・ほ・ん・ご）ではどうでしょうか？（濁音は清音にします）

エッセンス訳：圧がかかって、強く引き離されたものが、転がり入って出たもの

キーワード訳：醸成されて、立ち昇った宇宙意識が、完成に向かうもの

ワンワード訳：「Trust」「Rise」「Universe」「Complete」で、

信頼して立ち昇った宇宙が完成するもの

になりました。……いやぁ、なんだか凄いことになってきましたよ。

このように個々の訳でトライしてみたり、三層を混ぜ合わせながら、いろいろな言葉を訳してみてくださいね。身近にある名詞や動詞、形容詞、人の名前や地名などなど……面白い発見がたくさんあると思います。とりわけ、自分の氏名についてはぜひやってみてくださいね（訳する際のポイント：濁音や半濁音などは清音に直し、長音はそのままで、拗音《ようおん》や促音《そくおん》「っ」は一字分として基本的には音の順番にそって訳します）。

世界の言語は日本語で訳せる？

こんどは諸外国の言葉も、おとひめ翻訳をして遊んでみましょう。

果たして、事物・事象の対象が同じであれば、本当に、同じような意味合いを持つ、本質的な訳が可能となるのでしょうか。試してみたいと思います。

ただし、他の言を訳する際、日本語化した発音にしなくてはなりません。つまり、すべて母音のついた音に変換しないと訳すことができないのです。そのため、子音の続く言語は、一旦伸ばして発声して、近い音を拾う必要があります。

たとえば、「Thank you」はサンキューとして訳する、といった感じです。

では最初に「ありがとう」を各国の言葉でおとひめ翻訳してみることにしましょう。

◎【英語】Thank you（日本語読み：サンキュー）

エッセンス訳：サ・ン＝強く活性化したものが
キ＝エネルギーとなって
ユー＝湧き出たもの（持続する）
キーワード訳：サ・ン＝細やかで聖なるものがあふれ出て
キ＝エネルギーとなって
ユー＝湧いてくるもの
ワンワード訳：サ・ン＝「Activation／Universe」強く活性化された宇宙が
キ＝「Energy」エネルギーとなって
ユー＝「Well up」湧き上がるさま（持続する）

「Thank you」は、なかなかパワフルで美しい響きですね。
では、ドイツ語ではどうでしょう？

◎**【ドイツ語】Danke（日本語読み：ダンケ）**

エッセンス訳：ダ・ン＝強く分かれたものが
　ケ＝放出する

キーワード訳：ダ・ン＝高くたくさん現れる明るいエネルギーが
　ケ＝表面に出てくる

ワンワード訳：ダ・ン＝「Action／Universe」行動的な宇宙が
　ケ＝「Release」放たれる

こちらもパワフルですね。では本家本元、日本語ではどうでしょう？

◎**【日本語】ありがとう**

エッセンス訳：あ＝感じるものが
　り＝（その場所から）離れていって
　が＝力を得て
　と＝統合され

う＝生まれ出たもののこと

キーワード訳：あ＝愛が
り＝飛翔しながら
が＝奥深き、強き働きとなって
と＝統合され
う＝生まれ出たもののこと

ワンワード訳：あ＝「Love」愛が
り＝「Fly」飛翔して
が＝「Power」力をもって
と＝「Integration」統合され
う＝「Oneness」生まれる・ワンネス

……いやぁ、圧巻の日本語力。なんと美しいしらべなのでしょうね。

けれども、よく見てみると、フォーカスの違い（どこから見るか、何を強調するか）によって差異はあれども、本質的な部分が似通っていると思いませんか？

もう一つ、お次は挨拶でやってみましょう。

◎【英語】Hello（日本語読み：ハロー）

エッセンス訳：ハ＝引き合うものの
ロー＝（持続する）空間
キーワード訳：ハ＝明るく強く前に出たものが
ロー＝空間を囲んでいる（持続する）
ワンワード訳：ハ＝「Burst」はじける
ロー＝「Space」空間

◎【イタリア語】Ciao（日本語読み：チャオ）

エッセンス訳：チ＝凝縮
ヤ＝飽和する、穴から出る
オ＝奥深い

キーワード訳：チ＝エネルギーが、
ヤ＝強く発動して
オ＝きずなが生まれるも

ワンワード訳：チ＝「Strong」強く
ヤ＝「Full」満たされた
オ＝「Bonds」絆

◎**【日本語】 こんにちは**

エッセンス訳：こ・ん＝強く転がり入った
に＝圧のあるものが
ち＝凝縮して
わ＝調和をなす

キーワード訳：こ・ん＝強く凝り集まって
に＝安心できるものが

ち＝エネルギーとなって
わ＝充足と円満を呼ぶ

ワンワード訳：こ・ん＝「Complete／Universe」完成した宇宙が
に＝「Trust」信頼され
ち＝「Strong」力強く
わ＝「Harmony」調和を生むもの

いかがでしょうか？　大まかではありますが、皆、同じエネルギーを観ているように思います（しかも、お国柄まで反映されているかも!?）。

言葉を音にまで分解し、日本語読みをすることで視えてくる新しい世界。ぜひいろいろと試してみてくださいね。

◉おとひめ資質対応表

行	五音	資質	行の人のイメージ
あ行	あおうえい	発想力	エネルギーのもととなるパワフルで純粋な資質を持ちます。アイディアと実行力に富み、状況に応じて、リーダーシップを発揮することも相手を支えることもできます。
か行	かこくけき	実践力	強く勝ち気で、結束力・団結力の強い資質を持ちます。 やる気があり、状況に応じて融通が利き、実践力があります。
さ行	さそすせし	発展力	高い理想を持ち、細やかな資質を持ちます。いったん決めると根気強く、達成するまでコツコツと取り組んでいきます。
た行	たとつてち	行動力	行動力があり、明るい資質で一本気な資質を持ちます。コミュニケーション能力に長け、繋がりや縁、家族を大切にする人気者です。
な行	なのぬねに	調和力	創意工夫に富み、周りを和やかにし、調和的な資質を持ちます。 バランス感覚に優れ、公明正大で広い視野を持ちます。

行	五音	資質	行の人のイメージ
は行	はほふへひ	表現力	明るくはっきりしていて行動的な資質です。表現力に富み、発信力と決断力があります。
ま行	まもむめみ	洞察力	洞察力に富み、物事の本質をよく捉えることのできる資質を持ちます。忍耐力もあります。思いやりと優しさを持って、相手を包むことができます。
や行	やよゆえい	推進力	集団で何かを成し遂げたり、変化しながら物事を成し遂げていくことに強い資質を持ちます。 必要なものを得やすく、好奇心旺盛で、突破力があります。
ら行	らろるれり	加速力	スピードがあり、変化を加速させる資質を持ちます。 物事を拡大させたり、転換させることを得意とします。
わ行	わをうゑゐ	成就力	皆が、円満かつ調和的に発展していくよう具現化し、成就させる力の強い資質を持ちます。 明るく堅実に、生成発展と共存共栄を目指します。

日本語十行が持つ音の性質

おとひめカードをつくっていくプロセスの中で、気づいたことがあります。

それは、五十音表の中にある「行」（横に並ぶ、あ行〜わ行）には、それぞれの性質があった、ということです。

前頁に「おとひめ　資質対応表」を掲載致します。どうぞ、自分の名や会社の名、製品名などが、どの資質を多く含んでいるのか確かめてみてください。いまの自分にとって必要と思われる資質や、もっと増やしたい資質などがあれば、それらの音を発声して、音のエネルギーフィールドを味方につけるのもよいかと思います（活用法の詳細は「おとひめカード」に付属のガイドブックの「12バリエーション」に記載しています）。

コラム

［あなたの名前が持つ真の意味とは？］

あなたは、ご自分の名前が好きですか？

名前は人生の中で、最も多く聴く音声であり、語る音声でもあります。

古代においては、名前は魂（その人の霊的な部分）に相当するものと考えられており、親以外は知らなかったのです。また江戸時代においても本名のことは「諱《いみな》」と呼び、それは「忌《い》み名《な》」へと通じる、みだりに言ってはいけないものでした。

理由は、古代人の感覚と同じく名は魂と直結するものと思われていたからです。もっとも、本名以外の通称名は、幼名、成人名、当主名など、人生の節目で改名することもよくありました。

苗字と名前を持つ現在のスタイルが定着したのは、明治以降です。

そんなあなたの名前は、両親を始め、あなたのことを心から思ってくれている人たちが、真剣に考えながらつけてくれた「祈りの結晶」からなっています。

ですので、あなたの名は、あなたにとっての最強のパワーワードであると考えられます。

そんな中で、ふと、名前を「音」から見る観点はどうなのだろう？　と思うようになり、日本語の音の探究をしながら、ずっと考えていました。

すると、ある日、神棚の前で祝詞《のりと》を唱えた後、天意を問いながらしばらく瞑想をしていると……以下のような言の葉が響いてきました。

もっとも、それが正しいのかどうか、エビデンスはどうなのかといえば、正直、わかりかねます。ただ、言葉にならぬ深い想いに包まれ、しばし呆然《ぼうぜん》としました。以降も時折、同じ想いが響くので、本書に記載させていただくことにしました。

どうか、それぞれの心の内で、静かに感じとっていただければ幸いです。

【名前が持つ真の意味とは】

名前は、人生において、最も親密で、力強い音の集まりです。
それはあなたにとっての最善美の言霊となるものです。
あなたの名に刻まれている音の特質は、
あなたが潜在的に強く持っている資質であります。

さて、あなたの名は、生まれるときに「命名」を受けて名付けられました。
命名とは、あなたの〝賜《たま》いし霊《ひ》――魂〟である命《いのち》に名が授けられ、
命名となったものでございます。

もちろん表面上は、あなたに関わりのある大切な方々によって、
名付けられたものでありましょうが、
深層においては、あなたがこの世界で生きるための、いのちの贈り物として、
天から授けられた名なのであります。
かつそれは、ご神名でもあります。

あなたという神に役割が与えられ、使命を果たさんと、
天より言依《ことよ》さし祀《まつ》られ（ご委任されて）、
あなたは、神から命（ミコト）となったのです。
そう、伊邪那岐神《イザナギノカミ》が、伊邪那岐命となられましたように。
命名を受けましたあなたの名は、天界では、
中つ国（地上世界）で呼ばれていますお名前に、ヒメやヒコをつけられまして、
ミコトと呼ばれております（○○ヒメノミコト、○○ヒコノミコト）。
それがあなたという神の正式名――神名であります。

どのような使命を与えられたのか？
それは、すでに名に刻んでおられます。
音の中にある意味を、中つ国（地上世界）にて、
深く味わい、生き、他の神々とともに具現化していくことを、

言依さし祀られたのであります。

それはもとより持っている、あなた自身のさが（性質）でもありますので、
なにぶん、果たしやすくなるのではないかと思われますし、
肌身離さず持ち歩けますよう、名に変えてお渡ししたものでございます。

どうぞ、お受けとりくださいませ。
そして、ご自身（自神）のお名前を、大切になさってください。

——天意より

第三章

日本語の特質

第三章では、脳科学や言語学、心理学などの知見も交《まじ》えつつ、日本語が持つ特質とは何かについて、深めていきたいと思います。

専門的な用語も出てくるので、少し難しく感じるかもしれませんが、いままであまり表立っていなかった視点を中心に記しています。

理解が深まるにつれ、新たなる発見と気づきが生まれることでしょう。

イメージと仮想的な身体運動

日本語はしばしば「主語が省略されやすい曖昧な言語だ」と言われることがあります。

英語を習いたての頃は、なぜ、日本語には主語がないのだろう……なんだか明瞭《めいりょう》さに欠けて嫌だな、と思っていたのですが、どうやらその鍵は、日本語を語る人々が脳内で行う処理システムにあったようです。

このことをお伝えしていく前に、まずは、人はいかにして、頭や心の中でイメージを膨らませていくのかについて、考えていくことにいたしましょう。

人が何かをイメージしたり、想像する際、脳内では何が起こっているのか？

実は、**実際に身体を動かさずとも、脳内では、身体を動かしたときと同じように神経細胞が活動しています**（参照：人工知能の研究者である月本洋博士の著書『日本人の脳に主語はいらない』講談社刊より）。

脳内でイメージするだけで、運動時と同じ神経部位が動く……って、イメージトレーニングが重要であるとはよくいわれていますが、そういうことだったのかと思いました（スポーツだけではなく、プロジェクトを進めるときや、ものを制作するときも役立ちますね）。

というわけで、身体を動かす神経回路が、実際の身体運動を伴わずに活動することを、月本博士は「仮想的身体運動」と呼びました。

では、犬や猫、数字といったように、運動を伴わない名を思い浮かべるときはどうなっているのかというと、眼球を「仮想的」に動かしているのだそうです。

また、暗算をするときには、言語野や視覚野、運動野、聴覚野など、脳のさまざまな部位が活発に活動しており、抽象的な概念《がいねん》や空想しているときの脳の状態など、まだまだ研究途中であるものの、想像と仮想的な身体活動（脳の神経回路の活動）は、密接に繋がり合っているということがわかってきました。

そもそも想像（心の中でイメージをするということ）するには、「言葉」が必要です。

逆にいうと、言葉は想像やイメージが伴わないと、なかなか理解しにくいものです。

たとえば、見知らぬ言語の文字を読んだ際、ただの模様にしか見えない……といった感覚と一緒です。

あるいは、数学の授業の際（思い出してみてね）、最初はわからなかった数式や記号が、あるときを境に、ストン！ と腑《ふ》に落ちて理解できる、といった感覚です。理解できたときは確かに、数式や記号の持つ意味や概念、使用法などのイメージが明確化されていますよね。

というわけで、「言葉」は、ただの音の集まりというわけではなく、そこにイメージがあり、仮想的な身体活動を伴うものであるという考え方を、脳内にインストールしていただけたらと思います。

自己と他者を分ける

赤ちゃんが言葉を覚えるとき、どうやって覚えるのでしょうか？

それは、身近な人たち（最も影響力のある人といえばお母さんでしょう）が使っている**言葉を模倣《もほう》する**ことで覚えていきます。つまり、真似《まね》ていくわけですね。

そうして、たくさんの言葉のストックを積み、試行錯誤《しこうさくご》を繰り返しながら、106頁で述べた「仮想的身体活動」をゆっくりと組織化していき、体感を伴ったイメージをつくっていきます。

たとえば、お母さんが「おはよう」と赤ちゃんに伝えると、朝の空気や質感、光、それらをすべて含みながら「おはよう」という言葉が、いつ語られ、どんな音を組み合わせて発語するかを体感、体験を通して学んでいくのです。

そういえば、我が家の孫が言葉を覚え始めの頃、「ひげがあるもの」を「にゃん」というのだと学習していた時期があります。猫を飼っているのでそうなったのですが、あるとき、水族館でゴマフアザラシを見たときも、うれしそうに指を差しながら「にゃん！」を連呼《れんこ》したときは、笑いをこらえるのに必死でした。

赤ちゃんは生まれてからわずか1〜2年で、コミュニケーションについての概念《がいねん》を知り、そこには、何らかの「音」（音声）を含んでいることに気づきます。

そして、とりわけたくさん出てくる音の連《つら》なりが、言葉（単語）であることに気づき、やがてそこに意味があることを、断片的な情報の中から体系化、組織化し、言葉を覚え、自分でも同じ発声をしようとします。

ちなみに1歳の孫（「にゃん」といった孫の弟）は、嬉しそうに「ママ」「パパ」、「マンマ」（食べ物）、「ブー」（車）、「にゃん」「わん」を連発します。そのたびに、親も私も大喜びするのです。

私たちはこうして、まわりにたくさんの言葉かけをされながら、言葉を覚え、そうして見える世界も広がっていったのだなぁと思うと感動的です。言葉は、愛の連鎖《れんさ》でもあったのですね。
さて、そんな赤ちゃんの言葉を覚えるプロセスを脳から見るとどうなるのかというと、**赤ちゃん（子ども）は、右脳経由で言葉を覚えているのだそうです。**

右脳というとイメージ脳や音楽脳といわれ、言語は左脳が司っていると思われていましたが、右脳には、言葉を語る上において、なくてはならない重要な要素が備わっていたのです。

それは、**自己意識**です。外界や他者と区別された自分自身であるという意識です。
従来、自己意識は、言語野のある左脳にあるといわれてきました。しかしながら、最近の脳科学の実験の成果より、**自己意識は右脳（右脳の聴覚野の隣にある部位）にある**ということがわかってきたのです。

自己意識があるということは、自己と他者を分けて考えることができるということなので、この先より**「自他の分離」**として記述したいと思います。

なぜ、自他の分離が必要かというと、そもそも自己と他者といった区切りを持たなければ、イメージを形成すること自体、難しいからです。

人は生まれてから年齢を重ねていくにしたがい、自己意識がはっきりしてきて、自己と他者の境界線も意識されるようになります。

それに伴い、「言葉」という仮想的な身体活動もできるようになり、「模倣」の量も増えることによって、やがて言葉を操ることができるようになるといったプロセスです。

というわけで、言葉を語るということは、そこには自己意識というものを持っていることが前提としてあった、ということです。

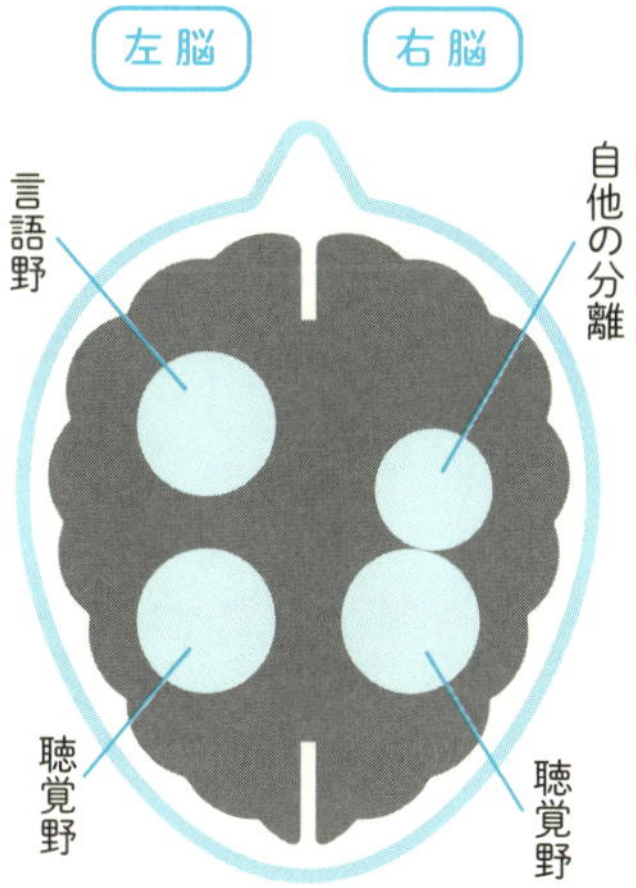

そして話はここからさらに面白くなっていくのです。

それは、言葉を使って自己意識を語るのか、語らないのかといった問題です。

このことが、主語が必要か否かといった話へと展開していくことになります。

主語と母音との関係性について

「主語」とは何でしょう？

主語とは書き言葉や話し言葉において、述語として示す動作や作用、属性などの主体を表す部分のことを指す用語です。

日本語は「主語」がなくても通じる代表的な言語といわれますが、世界を見渡すとどうなのでしょうか？

主語が必須ではない言語としては、日本語の他に、スペイン語やイタリア語、ロシア語などがあります。

ただ、スペイン語やイタリア語などは、動詞の語尾変化で主語がわかるようになっているため、主語が何かは暗喩しているといえます。

逆に主語を必ず必要とする言語としては、英語やドイツ語、フランス語などがあります。この「主語」にまつわる世界の言語の歴史を追っていくと、面白いことがわかりました。ギリシャ・ローマの文法学やインド文法、アラビア文法では「主語」というものがないとされていますし、英語に関しても古英語の時代は、主語を必ずしも必要としなかったようです。

また、**日本では「主語」という用語は、明治期につくられた和製漢語**です。それまではあったとしても、そこまで意識されることはなかったということなのかもしれません。

こうして考えてみますと、主語が必須となっていくのは、市民の力が徐々に強くなり、資本主義的な考え方が台頭《たいとう》するにつれ、主体と客体を明確に分けて明文化することができる、主語の必要性が重視されたのかなと思います。

さて、次に、言語学の中の音韻論の立場から、日本語と英語を例にあげて、主語について考えてみたいと思います。

日本語は**母音中心に語る「母音骨格の言語」**で、ほぼすべての音節が母音で終わる「**開《かい》音節《おんせつ》**」の言葉です。

それに対して、英語は子音中心に語る子音骨格の言語で、子音で終わる音節――「閉音《へいおん》節《せつ》」を多く持っています。

日本語は母音の一音だけで意味を成す言葉……たとえば、吾（あ）や胃（い）、鵜（う）、絵（え）、尾（お）などが多数あり、また同音異義語も種々に存在します。

【同音異義語の例】

あける：明ける・空ける・開ける……
いどう：移動・異動・異同・医道
うつす：写す・移す・映す・遷す
おさめる：収める・納める・修める・治める
かいほう：解放・開放・介抱・快方・会報・解法・回報・懐抱……
かえる：変える・替える・帰る・換える・返る・還る・代える……
かんしん：関心・感心・歓心・感震・寒心・甘心・奸臣・閑心……
きかい：機会・機械・器械・奇怪・貴会・喜界・棋界・気界……

きかん：期間・器官・機関・既刊・基幹・帰還・気管・季刊・貴簡……
きげん：起源・期限・機嫌・紀元・起原・基原・奇幻……
こうしょう：交渉・校章・高尚・考証・公称・口承・口誦・公証……
さいしん：最新・細心・再審・砕身・再診・最深・砕心……
さんか：参加・酸化・賛歌・傘下・産科・惨禍・参稼・山果・三貨……
しじ：指示・支持・師事・私事・指事・至事・伺持・至慈……
じしん：地震・自身・自信・磁針・時針・侍臣・慈心・時辰・時新……
じどう：自動・児童・自働・自同・慈童……
しめい：使命・指名・氏名・司命・私盟・死命・師命……
しんじ：神事・芯地・新字・心事・信士・心耳・臣事・宍道……
しんせい：新生・神聖・神性・申請・新制・真正・新星・心性・新姓……
せいか：生花・成果・製菓・正価・青果・生家・聖火・盛夏・清歌……
たいしょう：対象・大正・対照・対称・大勝・大将・大賞・大笑・対償……
てんかい：展開・転回・天界・天海

へいこう：平行・並行・併行・閉口・閉校・平衡・閉講……
ほしょう：保証・保障・補償・歩哨・堡礁・輔相……
ようじん：用心・要人・要心・洋人・庸人……
ようい：用意・容易・妖異・庸医……
りょう：量・漁・寮・良・領・猟・涼・陵……

一方、英語では一音のみで存在する言葉はほぼありません。あるとすれば二重母音である「I」でしょうか。

実はこの母音を語る頻度と、主語省略度が対応していることがわかってきました。つまり、母音比重度と主語省略度の間には、相関関係があるということです（注：語尾の母音率ではなく、言葉全体の母音比重度ということです）。

というわけで、母音を中心に語る言語を、便宜上「母音語族」、子音を中心に語る言語を「子音語族」と呼ぶことにします。

母音語族の言語は、日本語とポリネシア語（タヒチ語やサモア語、ハワイ語など）の二つ

です。

この二つ以外……ほぼすべての言語は、子音を中心とする「子音語族」です。

とはいえ、皆均一に子音語族かといえばそうではなく、グラデーションがあります。子音語族の中でも、母音比重度が比較的高いのは、イタリア語やフランス語、スペイン語などです。一方、母音比重度が最も低いのが、英語やドイツ語となるといった感じです。

母音語族は、前述の通り、日本語とポリネシア語の二言語ですが、話者の数や使用頻度を考慮すると、やはり母音語族の代表選手は、世界9位の母語話者を持つ「日本語」話者ということになります。

となると、**「母音語族」≒「日本語族」**として、言い換えることもできるのですね。

では次に、母音と脳の関係性についてみていくことにしましょう。

母音を内側で聴くということ

左脳と右脳――この二つの脳に関する話題は、近年ますます注目されるようになってきました。

左脳は一般的に、言語脳といわれ、言語や思考を行う脳で、右脳はイメージ脳（音楽脳）といわれ、感覚的なものや直感的なものを処理する脳であるといわれています。

東京医科歯科大の名誉教授であった角田忠信《つのだただのぶ》博士は、1987年にキューバで開かれた国際学会に参加した際、衝撃的な体験をすることになります。

歓迎会の会場を覆《おお》う雨音にも近い、大音響の虫の音に辟易《へきえき》した博士が、そのことを周囲の人に問いかけても、まったく聞こえていないことがわかったというのです。

その後、行動を共にしていたキューバ人のうち、一人は3日目ぐらいから、なんとか聞こえるようになったらしいのですが、もう一人は2週間たってもまったくわからなかったのだそう。こうして、角田博士の研究が始まったのです。

この脳の働きを日本人と西洋人で比較してみると、**西洋人は虫の音を右脳（イメージ脳）で聴き、音響効果音（サウンドエフェクト）として処理し、日本人は左脳（言語脳）で処理している**ことがわかったのです。

言語脳ということは、音ではなく「声」として処理するため、虫から発せられる「声」として聞こえてしまい、無視できなかった（雑音という雑情報として処理し、聞こえなくなることはなかった）ということになります。

角田博士の研究内容についてはあらためて後述しますが、ここでは脳と母音の関係性についてさらに深めていきたいと思います。

母音はすべての発声の基礎です。

私たちが何か発話しようと思うときは、まず内側で何を話すかを考えつつ、発声の準備をして、実際に音声へと至ります。

発声の準備とは、母音という、肺から送った息が声帯を通して、唇や舌や歯などでさえぎられることなく、そのまま出る自然音を最初に用意しておくということです。

次に、子音が準備されて、舌や唇や歯などの形を変え、息を妨害して音をつくり、子音の発語が完成します。

まとめると、最初に母音の準備をした後に、子音の準備をして発声するという流れです。

さらにこのとき、脳内で何が起こっているのかというと、発声時およびその直前から、私たちは声を聴覚で外側から聴くだけではなく、内側からも神経信号を通して、内的に音を聴覚野で聴いていることがわかりました。

ということは、**発話開始時に聴いている最初の音が「母音」である**ということになります。

このしくみは、どんな言語を語る人であっても同じように働いています。

母音を受けとめるのは右脳？　左脳？

では、発話する際に内的にも聴いている「母音」ですが、その母音は左右どちらの脳に振り分けられるのでしょうか？

母音をどの脳で受けとめるかは、角田博士の研究によると、**脳幹の部分に、左右いずれかへと自動的に振り分けられるスイッチ機構が存在しており、その中で母音中心で話す日本語族（母音語族）の人々は、言語野である左脳に母音が振り分けられる**ことがわかりました。

一方、欧米の言葉に観られるような、子音中心で話す子音語族の人々は、イメージ脳（音楽脳）である右脳に母音が振り分けられることがわかってきました。

これは、**無意識レベルで起こっていることなので、表面意識では感知できません。**

なお、この違いは、最初に獲得した母語によって決まるものであり、さらにいえば9〜10歳までに主として聴いていた言語（母語）によって、どちらの脳に振り分けられるのか決まるのだそう（角田忠信博士の研究より。参考図書『日本語人の脳―理性・感性・情動、時間と大地の科学』言叢社刊）。

つまり、左右どちらの脳で「母音」をつかむのかの違いは、日本人とか西洋人といった人種的な区分けではなく、単に聴いていた音の性質（物理的なもの）によるものだったということなのです。

このことを踏み間違えると、大きな誤解を生むので、注意して進みたいと思います。

さて、いままでのことをまとめると、

（1）発語開始時には最初に母音を聴覚野で内的に聴いているということ。
（2）自他の分離は、右側の聴覚野の隣にあるということ。
（3）発語開始時、母音語族（日本語人）は母音を左脳で聴き、子音語族（日本語・ポリネシア語以外の言語話者）は母音を右脳で聴くということ。

発語開始時の神経信号の伝達

◎母音を左脳で聴く 母音語族の脳処理

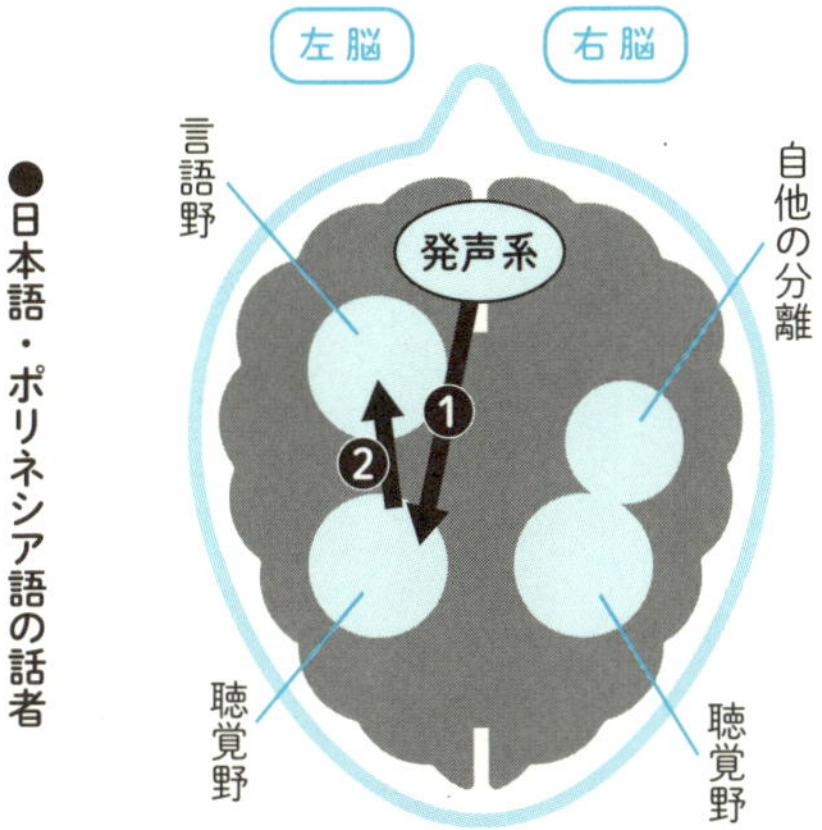

◎母音を右脳で聴く 子音語族の脳処理

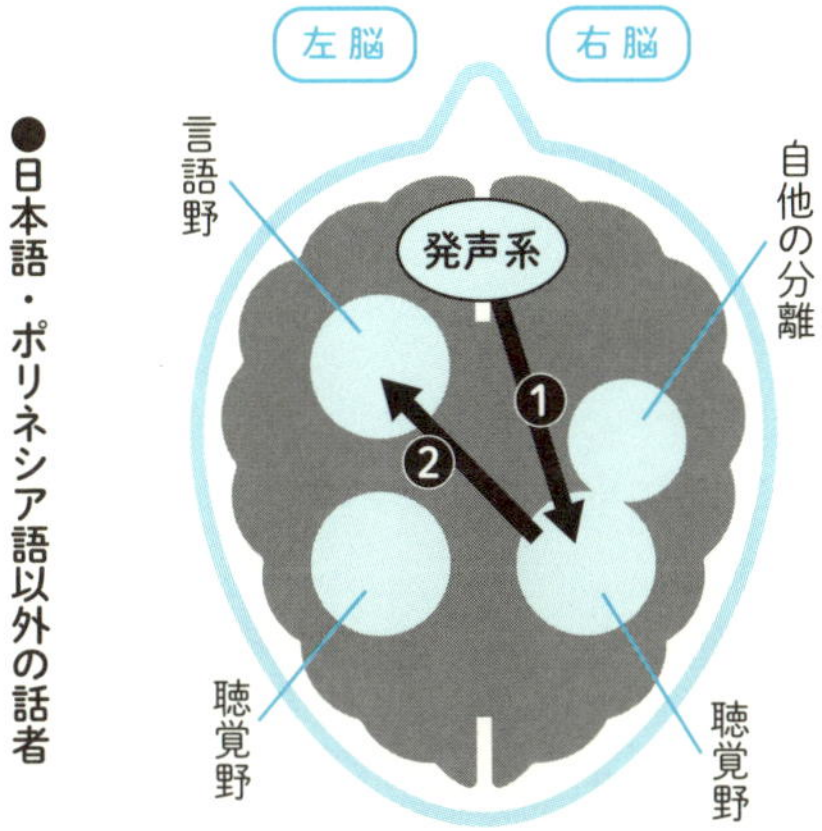

参考：月本洋著『日本人の脳に主語はいらない』（講談社メチエ）

……になりますね。

これを一文で置き換えると、日本語を母語とする人々は、発語開始時には母音を左脳の聴覚野で内的に聴いて、そのまま瞬時に左脳にある言語野が動き出すことで、言葉となり、右脳にある「自他の分離」を刺激しないで言語を語ることになります。

一方、子音中心で話す人々は、発語開始時には母音を右脳の聴覚野で内的に聴いた上で、言語野である左脳へと脳梁を伝って神経信号が伝達されるため、その間、若干の時間的空白（数十ミリ秒）が生まれることになります。※1秒は1000ミリ秒です。

さらに、右脳には、自他の分離——解剖学的には下頭頂葉と上側頭溝（聴覚野の隣）の部位もあるため、そこも刺激を受けつつ、左脳へと神経信号が伝播《でんぱ》されていくということになります。この「自他の分離」を経由するか否かが、「主語」を必要とするかしないかの分水嶺だったというわけです。

ただ、自他の分離をわざわざ通さずとも、もともと持っている「自己意識」は存在しています。言葉に出さずとも自己の内側で、自分が自分であると認識している意識です。

日本人（日本語人）は、この意識を内包したまま、言葉として発語するので、主語が消えやすくなったのです（主語を入れて話すときは、それを言う必要があるときですね）。

この認知的な自己に対して、言葉として使う自己――英語でいえばIとして表現する、言語的な自己があります。

子音語中心の人々にとっては、最初に聴く母音（右脳で感得）から、言語中枢のある左脳へと脳梁の橋を渡って伝達される、わずか数十ミリ秒の空白時に、認知的な自己意識をベースに、「I」という言語的一人称を加えて発語するため、結果として主語が必要となっていくのです（月本洋博士の研究より。参考図書『日本人の脳に主語はいらない』講談社刊）。

少し理屈っぽくなってしまったかもしれません。けれどもとても大切な部分であると感じたので記させていただきました。

これらの説明を簡単に言ってしまうと「愛しているよ」の一言で、主語なしで通用してしまう日本語（母音語中心）の言いまわしと、「I love you」と、主語のある構文をしっかりつくらないと通用しない英語（子音語中心）の違いということです。

これは単なる文法の違いというより、もともと持っている脳の処理システムの違いが、認知の違いとなって、音（音声）を時間差にそってルールとともに発語していく、それぞれの文法となったのです。つまり、文法という言葉の並べ方のルールは、認識形式の言語版だったということです。

余談ですが、もし日本語で「私はあなたを愛しています」と（文章ではなく口頭で）実際に言われようものなら、結構、ビビるかも。「月がきれいですね」に変えるのはどうですか、って提案してみようかなぁ（↑言われたこともないけれど。笑）。

ということで、母音をどちらの脳で捉えるかによって、脳の処理システムが異なること、そして、そのシステムは生涯かけて使い込まれるものですから、その神経回路はますます強固でスムーズなものとなるのでしょう。

右脳から左脳の子音語型か、左脳から左脳の母音語型か、見えなくてもある脳の不思議。たとえ同じ言葉を話していても、人によって見えている世界が違うように、言葉そのものが違えば、見えている世界（認識世界）も違って見えるのでしょうね。

主語が必要か否か？

日本語・ポリネシア語以外の話者

◎母音を右脳の聴覚野で聴く

認知的な「私」の意識
（主語を言わない）

↓ 数十ミリ秒の空白

（右脳から左脳の言語野へ「自他の分離」を刺激して脳梁を通って伝達される）

言語的表現へ
（主語を必要とする）

日本語・ポリネシア語の話者

◎母音を左脳の聴覚野で聴く

認知的な「私」の意識
（主語を言わない）

↓

言語的表現へ
（主語をわざわざ言わなくていい）

参考：月本洋著『日本人の脳に主語はいらない』講談社

主語がなくても、通じるのはなぜ？

では、前節で取り上げた、言わなくても知っている認知的な自己と、言葉にして語る言語的な自己の概念を広げて、「認知的主体」と「言語的主体」という表現に置き換えて、さらなる論を進めていければと思います。

日本語の構文に「私」があまり登場しないのは、認知的主体の私が言語化せずにまずあって、そこに言語的な動詞が出てくるので、聴こえるのは動詞だけになるのです。

一方、英語では認知的主体をベースに、言語として発声する言語的主体と言語的動詞がセットになって成立し、しばしば目的語や補語なども加わります。

日本人が自分のことを言うときは、多くの言いまわしがあります。

たとえば、私、わし、わたくし、おいら、僕、我、吾輩、自分、あたし……といった具合です。自分をどの一人称で呼ぶのかは、自分の属性や職業、状況など、相手との関係性や社会との繫がりの中で、もっともらしい言葉を選んで使うのですが、それぞれの一人称を聞くだけで、相手がどのような立場で、どんな人なのかは大まかに推測することができます。

映画「君の名は。」の中で、女の子の三葉《みつは》が瀧《たき》君の中に入って言うときのセリフを思い出します。それは「わたし……わたくし……僕……俺？」でした。

英語では見事な字幕がつけられたようですが、翻訳者は大変（腕の見せどころ）だったのではないかと推察します。

一方、英語は「I」の一択でいいので、シンプルかつ中立的な表現となります。どちらがいいのかといったことではありませんが、日本語は一人称の他にも多くの二人称があり、それらは皆、関係性の中で成立している気配り（気苦労？）の人称表現となっています。

認知的主体という言葉を使うなら、人間関係の中で見出している認知的主体（無音）の影響を強く受けながら、言語的主体を語っているということになります。

この延長線上にあるのが、敬語です。

敬語には尊敬語や丁寧語、謙譲《けんじょう》語などの種類があり、とりわけビジネスシーンや、目上の人と接するときには、細かい配慮が必要となります。……うーん、これは確かに海外の日本語学習者が、日本語は難しいと嘆《なげ》く理由がわかりますね。

さて、母音に話を戻すと、母音比重度の高い日本語は、主語が省略されがちです。

その理由は、母音を左脳で聴く脳のスイッチングシステムが作動していたからであり、母音を言語野である左脳で捉えたまま、すぐに発語できるからだということでした。

さらに、**認知的主体が水面下にすでにあるため、わざわざ言葉として言う必要もなく、主体を語るときは、周囲との関係性が反映される**ということになります。

ではいよいよ日本語人とそれ以外の脳内の違いについてみてみることにしましょう。

母音語族と子音語族の脳

聴覚研究の第一人者である角田忠信博士は、1978年に刊行された著書『日本人の脳―脳の働きと東西の文化』（大修館書店刊）において、日本人の脳と西洋人の脳の処理システムに違いがあることを発表し、世間をあっと驚かせました。

後にさまざまな論議を生むことになったのですが、最初の発表（1974年）から40年余りの時を経た2016年に、さらなる研究成果を記した『日本語人の脳―理性・感性・情動、時間と大地の科学』（言叢社刊）を上梓《じょうし》され、91歳の天寿を全《まっと》うされました。

これらの本のタイトルで異なっているのは、日本人の脳から日本語人の脳へと、名が変わったことです。その説明は、もうすでにたっぷりとしていますので割愛《かつあい》しますが、本書は角田博士が「日本語人」に寄せた思いに敬意を表し、同じ表現を使わせていただいております。

さて、次頁の図を見ていただくとおわかりになると思いますが、日本人（日本語とポリネシア語話者／母音語族）の脳は、左脳で母音や子音、感情音やハミング、動物や虫、鳥などの鳴き声、和楽器の音や計算などを処理します。また、自然が放つ音――風や雨、木の葉がそよぐ音なども、母音を通した音として感じられ、よって自然音や虫の音なども音声となって処理されます。そして右脳が司っているのは、音楽や西洋楽器の音、機械音や雑音ということになります。一方、西欧人（日本語とポリネシア語以外の言語話者／子音語族）は、左脳で言語音と子音、計算を捉え、右脳で持続母音（自然音）や音楽、機械音や虫の音、泣き笑いの声などを捉え、処理します。

一番の違いはやはり「母音」をどちらの脳で捉えるかということです。

調査の結果、日本人は、ロゴス（言語）とパトス（情緒）と自然が、混然一体《こんぜんいったい》となって存在していることがわかりました。

まさに日本文化らしい、曖昧《あいまい》さと繊細さを持つ世界観が展開されるわけです。

次に西欧人のほうは、左脳は理性的なロゴス、右脳は感性的で自然的なパトスとかっち

◉優位性のパターンの比較

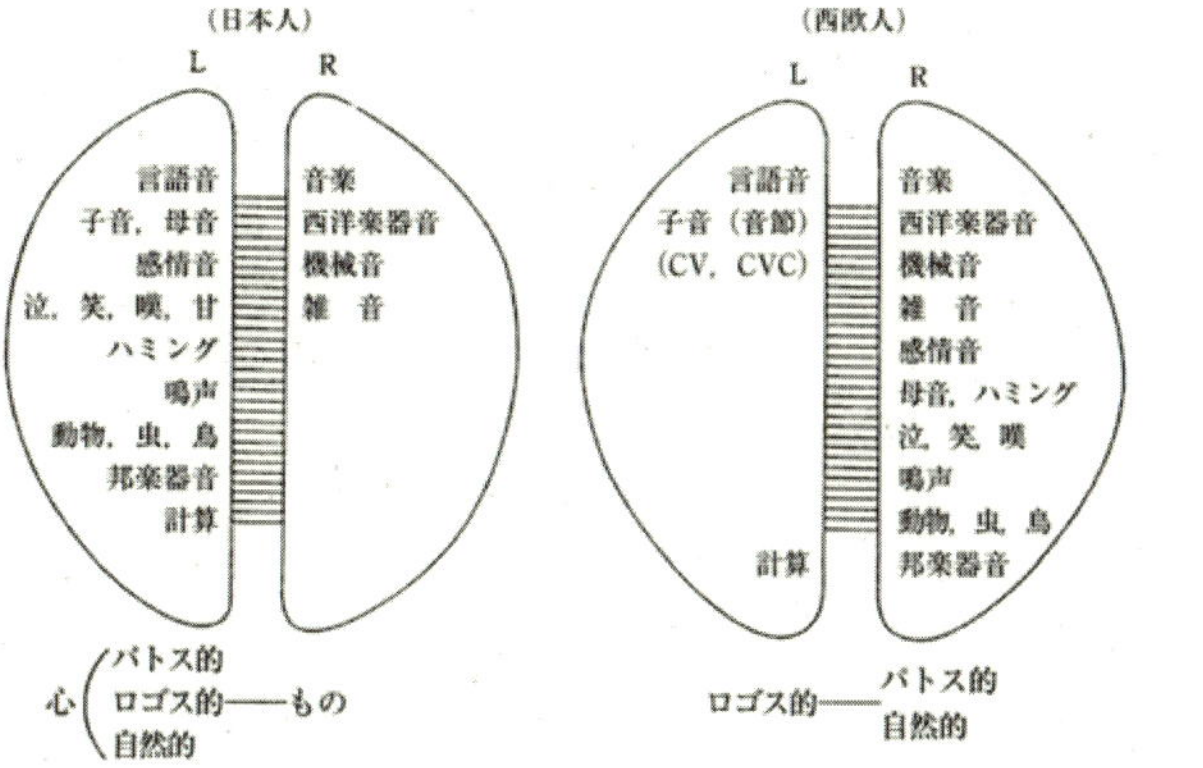

出典：角田忠信著『日本語人の脳』言叢社

りと分かれており、混然一体にはなっていません。

簡単に言うと、母音も自然音も鳴き声も感情音もすべて音響効果音という音（声ではない）として処理されるため、自然や虫が、語りかけてくれることはない、ということになってしまうのです。

もちろん、西欧人も聴き取ろうと思えば聴き取ることもできますし、個人差ももちろんあることでしょう。私としては、この研究結果を表層のみで捉えて、人種的な優劣《ゆうれつ》や上下、選民思想的な意識には陥《おちい》ってほしくないと切に願います。

あらためて、**日本人の脳の特徴＝母音語族の脳内処理システムを見てみると、対象物を「声」として認識してしまうため、感情移入がしやすくなる**ということがいえます。

ですので、ロボットにも名前をつけ、植物に水やりをするときにも話しかけ、風や雨音、さらに静けさにまで名前がつき（シーン……という音）、**無機物・有機物を問わず、親和性（親しみ）をもって眺《なが》めてしまう**のだと考えます。つまり、**自然を含むさまざまなものが、語りかけてくるような見え方の中で、日本語人は暮らしていた**、ということなのです。

それに対して**子音語族の脳内処理システムは、母音は「声」ではなく「音」として認識するため、自然も虫も語りかけてはくれず、理知的に対応する**ことになります。

この違いが、自然の一部として自然に寄り添いながら生きようとする日本人（母音語族）の姿と、自然と人は、対峙するものとして分けて考える西欧人（子音語族）の姿――認知手法となって表れるのではないかと考えています。

日本語が見ている世界
――共視・共感・間合い

日本語は、先人たちが長い年月をかけて、じっくりと育《はぐく》みながら形成された言語です。背後にあるのは大自然。森羅万象《しんらばんしょう》の様態《ようたい》を丹念《たんねん》に観察し、模倣しながら、言葉の種を育ててきました。

やがて、大陸から多くの人々が流入し、多くの影響を受け、融合《ゆうごう》しながらも独自性を保ち、世界で唯一無二《ゆいいつむに》のユニークな言語となっていきました。

そんな日本語が持つ視点を、英語の視点と比較しながら眺めてみたいと思います。

視点として捉えたとき、まず言えるのが「共視《きょうし》」という視点です。

共に視《み》る、共に眺める、その向こうに広がっている対象や風景を、共に分かち合っている――この感覚が日本語の中のベースにあるように思います。

たとえば、日本映画の恋愛もの（特に昔の作品）のポスターには、二人が同じ方向を見ているものが多いのですが、洋画だと、二人が向かい合い、見つめ合っているものが多くなります。

あるいは、日本には、お花見や花火大会、紅葉狩りなど、同じものを見て語り合い、飲食を共にして楽しむといった行事がたくさんあります。

もちろん、人それぞれですから、たとえ同じものを見ていても受けとる感覚や感じ方も違うのでしょうが、その関係性の中にある間合いも含めて、楽しみを見出しているのでしょう。

共視は、発達心理学の用語では、ジョイントアテンションといわれ、幼児が他者の意図や心理状態を読み取り始める、発達上のターニングポイントとされています。

二者の外にある同じ対象を共有し、考え、言葉を交わすようになっていく時期でもあります。

共に視ることによって、共に感じる共感、喜び。
同時に、違いを知り、違いを尊《とうと》び、面白がる喜び。

日本語が持つ、多くのオノマトペを伴う形容詞や動詞が、共視や共感の視点を、繊細かつ的確に表現するのを手伝います。

また、それぞれの「間」の中で存在している空気感、質感といった「間合い」の美を、私たちは無意識ながら受けとっていて、そんな間合いの空間を共有しながら、さらに新しい視点や視座を捉えようとしているように見えます。

茶室の掛け軸によく見かける言葉――一期一会《いちごいちえ》や和敬清寂《わけいせいじゃく》、行雲流水《こううんりゅうすい》など、人と空間と所作が一体となって生み出される価値の共有や創造が、言葉を通してより深遠なる世界へといざなってくれます。

日本語には、人を卑下《ひげ》する言葉が他の言語と比べて多くありません。その代わり、人を持ち上げる言葉や敬意をはらう言葉は多くあります。礼節を重んじる国だからということもありますが、常に相手や対象物のことを思いやり、「察する」ことを良しとする文化の中で、日本語が醸成《じょうせい》されていったのです。

そのベースにあるのが、共に視て共に感じ、意識を共有するという視点です。

もっとも、その意識が強すぎると「同調圧力」になってしまったり、「自分が」を押し出すと、周囲から浮いてしまうのではないかという恐れから、曖昧な言葉を多用し、自己主張はあまりしない、といった風潮も生まれます。

曖昧な言葉といえば、「大丈夫です」や「結構です」などは、どちらともとれる言い方の代表格ですよね。

目立たず、周囲に溶け込むことを意識するあまり、周囲の目が気になったり、相手の目を見て話すことに躊躇したり、もごもご話したりもします。

実は、**母音（声帯からそのまま出てくる自然音）は、潜在意識下で繋がろうとする働きを持っている**ことがわかってきました。

ですので、母音中心言語である日本語を使い、しばらく語り合うことで、繋がりや一体感、連帯感も生まれてくるとのことです。まさしく「話せばわかる」の世界です。居酒屋文化が定着したのは、そんな日本語の特質が功を奏しているのかもしれませんね。

一方、子音語中心の代表的言語である英語は、共に同じ方向を視る視点ではなく、個の視点を基軸に、向かい合って視る視点がベースにあります。

主体と客体をはっきりさせて、向きあう視点です。その意味で、一番大切なのが「I」

という視点――主体になります。

主体があるから客体がある。主体を通してみる視点が、英語の視点であるといえます。視える世界を主体と客体に分けて考えることが可能な、境界線を明確にする英語と、主体も消えがちで、客体を共に視ていることを前提とする、境界線が曖昧な日本語。

その中においては、英語の言葉は、権利と義務、目的を明確化させるツールとしての性質を強く持ち、日本語の言葉は、連帯と共有、共感を強める愛のツールとしての性質を強く持っているのではないかと感じます。

現実を創造するには、どちらの視点も大切です。

日本語と英語の両視点を尊びながら、堅実《けんじつ》なる日々を重ねていけたらと思います。

日本語の視点は「場」、英語の視点は「人」

日本を代表する文学者である、川端康成と三島由紀夫、太宰治。
彼らが書いた小説は日本のみならず、さまざまな国で訳され、世界中の人々を魅了しています。彼らの小説の冒頭文の翻訳を読み比べながら、日本語と英語の視点の違いについて考察していきたいと思います。

まずは**川端康成の代表作である『雪国』**から。

原文の「国境の長いトンネルを抜けると雪国だった」。

これを英訳すると「The train came out of the long tunnel into the snow country.」(Edward Seidensticker訳)となります。

川端康成『雪国』

原　文：国境の長いトンネルを抜けると雪国だった。
英　訳：The train came out of the long tunnel into the snow country.
（Edward Seidensticker訳）

日本語の視点

英語の視点

素晴らしい名文ですね。これらの言葉をそれぞれ絵にしてみると面白いことがわかります。

原文は自分が列車の中に乗っていて、暗いトンネルの中から、明るく真っ白な雪国の風景が広がる、動画的な世界が広がります。対して英訳のほうは、雪国へと至る列車（外観）と山々を見渡しているような、第三者的な視点です。

前頁の通り、読者と主人公の視点を混ぜ合わせながら情緒たっぷりに伝える日本語と、あくまでも客観視して中立的な表現となる英語。興味深いですね。

次に、**三島由紀夫の『金閣寺』**です。

原文の「幼時から父は、私によく、金閣のことを語った。私の生れたのは、舞鶴から東北の、日本海へ突き出た、うらさびしい岬である」を英訳すると、「Ever since my childhood, Father had often spoken to me about the Golden Temple. My birthplace was lonely cape that projects into the Sea of Japan north-east of Maizuru.」（Ivan Morris訳）となります。

次頁の通り原文では、この短い2行の中に、父と自分との関係性や空気感、生まれ故郷の荒々しい海と寂寥《せきりょう》とした質感が、句読点《くとうてん》一つ、言葉一つから滲《にじ》み出ています。英語のほうは、客観的な視点で淡々と綴られています。

最後は**太宰治の『走れメロス』**です。教科書などにも掲載されていたので、ご存じの方も多いと思います。

原文の「メロスは激怒した。必ず、かの邪智暴虐《じゃちぼうぎゃく》の王を除かなければならぬと決意した」を英訳すると、「Melos was enraged. He determined he would definitely get rid of the cruel,

三島由紀夫『金閣寺』

原　文：幼時から父は、私によく、金閣のことを語った。私の生れたのは、舞鶴から東北の、日本海へ突き出た、うらさびしい岬である。

英　訳：Ever since my childhood, Father had often spoken to me about the Golden Temple. My birthplace was lonely cape that projects into the Sea of Japan north-east of Maizuru.（Ivan Morris訳）

原文で読むと、この短い2行の中に、父と自分との関係性や空気感、生まれ故郷の荒々しい海と寂寥とした質感が、句読点一つ、言葉一つから滲み出ていますね。そして英語のほうは、やはりこれも客観的な視点で淡々と綴られており、意識の重ね合わせなどはなく、情緒的な質感はさほど感じられなくなっています。

太宰治『走れメロス』

原　文：メロスは激怒した。必ず、かの邪智暴虐の王を除かなければならぬと決意した。

英　訳：Melos was enraged. He determined he would definitely get rid of the cruel, ruthless king.（Ralph F. McCarthy訳）

原文で読むと、顔を真っ赤にして激高している様子や、並々ならぬ覚悟や闘志が文中からあふれていますね。一方英訳のほうは、やはり第三者目線で遠くから眺めています。メロスという主人公が、大変怒って、酷い王を亡き者にしようと企てたのだな、というストーリーを自分の目線を通して客観的に見ているという視点です。

ruthless king.」（Ralph F. McCarthy訳）となります。

というわけで、昭和の大文豪である三人の名文と英訳を見ていただきましたが、日本語と英語の視点や感覚の違い、体感としてわかりましたでしょうか？

日本語を通して視える世界は、自分を主人公や主体と重ね合わせ、風景の一部として混じり合うことで、自然や周りと一体になり、情感をもって感得しやすい、**「場」（空間）を大事にする世界観**です。

一方、英語のほうは、客観性と中立性を重視して、遠く高い視座（上から目線？）から主体が客体を見渡し、観察していく**「人」中心の世界観**です。

捉えている視点の高さが、見事に違うことが面白いと感じます。そして、英語でいう「人」とは、自分自身のことを指すだけではなく、神の視点——神は眺めるものを眺める、といったキリスト教的な世界観を背景に宿しているように感じます。

この視座の違いが、地名や苗字にも表れているのです。

たとえば、日本人が長年接してきた風景は自然であり、自然のご機嫌をうかがいながら空間や環境を意識して暮らすようになります。

ですので、地名や人名を表すときも、自然環境を表す名が多くなるのです。北海道、青森、山口……などの都道府県名や田中、山田、渡辺（渡は海のこと）、小林さんなど、自然にまつわる名がたくさんありますね。

一方、英語のほうは、ニューヨーク州（イギリスのヨーク公）、ワシントン州（初代大統領の名前）、ジョージア州（イギリスの国王ジョージⅡ世）……といった地名から始まり、マイケル（大天使ミカエル）、ジョン（洗礼者ヨハネ）、ピーター（使徒ペトロ）など、キリスト教の聖人や天使にちなんだ人名を多く見かけることから、やはり英語を通して視える世界は、場所よりも「人」に意識が向くのだなぁと思いました。

また、日本人の視点は「場」に意識が向くので、言葉にしても「私の方はですね……」（方というのは場を意味している）や「御社におかれましては……」（おかれましてというのは、会社を直接指すのではなく、一旦、場として置き換えている）など、直截《ちょくせつ》的に示すのではなく、「場」という空間的な概念に置き換えてから、対象となるものを包むのかなと思いました。

風景の中に人を入れて、人が小さく写りがちな日本人の写真の撮り方や、絵巻物のように、中空から人を見渡しているような絵も、実に私たちが場や空間、環境を意識しながら、

提供：Elico_Polo/ イメージマート

その中で馴染《なじ》んでいくような生き方を是としたことが垣間《かいま》見えるようです。

とりわけ、学校の面談で「うちの子、クラスに馴染んでいますか？」と聞いてしまうことも（私も聞いていました）、まさしく、「場」を重視する考え方ですよね（笑）。

「場」を意識して溶け合おうとする日本人の感性と、「人」を意識して、神の視点とともに我《われ》を浮き彫りにしていくアメリカ人の感性が、それぞれの言葉の中に、折り畳まれていたのです。

母音語族である日本語人として

第三章の終わりに、母音語族である日本語人の特徴をまとめて記しておきたいと思います。それによって、日本語を母語とする私たちのユニークさやオリジナリティが浮き彫りになりますので、自信と自覚をもって誇り高く、日本語話者としての生き方を愉《たの》しんでいっていただけたらと思います。

【日本語人の特徴】

・母音は潜在意識下で繋がろうとする働きがある。よって、一体感や連帯感が生まれやすくなる。日本語はほぼすべての音節に母音がつく開音節の言語である。

・母音の働きにより、違いを見出して特化するより、同じ部分を捉えて繋がりを見出すことに意識が向きやすい。

・母音が持つドメスティック（内的・家庭的・私的）な自然音は、素朴で自然体の感情、感覚と繋がりやすい。

・母音の音と自然界の音は共鳴しやすい（自然界の音と母音は親和性がある）。

・母音は遠くまでよく響く。

・息を邪魔して発声する子音も、母音と一対になって発話されることがほとんどのため、母音優先となる。

・母音中心だと、寄り添おうとする意識——共視や共感が生まれやすい。

・行き過ぎた共感重視は同調圧力を生みやすく、排他的になりやすい。

・日本語人は、脳の処理システムが原始的な脳の形態のまま現在に至っている。

・母音は左脳に振り分けられ、そのまま左脳の言語野から発話される。

・母音語族は、最初に母音を左脳でつかむため、右脳の聴覚の隣にある「自他の分離」を刺激せずに、即座に言語野から発話される。

・認知的な自己意識（無音）を持ち、言語的な動詞を伝えるため、主語が消えやすい。

・左脳（言語脳）で、言葉も動物の鳴き声や虫の音、鳥の声、自然音や感情音なども処理する。よって、それらのものを「音」ではなく「声」として捉えることで、自然と融和《ゆうわ》しやすくなる（自然が語りかけてくれると感じる。感情移入がしやすい）。

・日本語人は「場」を意識して空間の中に溶け込もうとする。

・日本語が持つ周波数帯は、125〜1500Hzで、生命場を活性化させるソルフェジオ周波数を多く含む。

・母音語族は数千ある言語のうち、日本語とポリネシア語しか残っていない。それ以外はすべて子音語族に属する。

母語が日本語人の皆様、いかがだったでしょうか？

世界の言語の中で、侵略・征服をまぬがれながら奇跡的に残ってくれた（残した？・↑神目線）日本語を、大切に扱いながら次世代へと継承していけることを願っています。

第四章

日本語の歴史

第四章では、いかにして今の日本語となったのか、という日本語の変遷《へんせん》とともに、日本語がいかにして残ることができたのか、歴史をなぞりながらたどってみたいと思います。

三種の異なる文字を組み合わせて使う言語は、世界広しといえども日本語のみ。それは、先人たちの並々ならぬ努力と工夫の賜物《たまもの》でもあったのです。さて、どんな歴史が繰《く》り広げられていったのでしょうか？

日本語の歴史クイズ

日本語の歴史をさくっと俯瞰《ふかん》するために、まずは日本語の歴史クイズをお届けします。
あなたはいくつ答えられますか？

Q1 言葉と文字、どちらが先に進化した？

A……もちろん、言葉。

Q2 「漢字」が中国から伝来したのはいつ？

A……1～5世紀。最も古い時代のものは福岡県志賀島から出土した「金印」（1世紀）や長崎県シゲノダン遺跡から出土された銅銭（1世紀）。『古事記』の中では、第十五代応神天皇（4世紀）の時代に伝わったとされ、考古学では埼玉県稲荷山古墳から出土した鉄剣（5世紀）に、115文字の漢字が刻《きざ》まれている。

Q3　漢字文化の国はどこ？

A……日本と中国のみ。

Q4　音だけを借りて日本風に読んだ漢字の名は？

A……万葉仮名。

Q5　平仮名や片仮名ができたのはいつ？

A……平安時代初期。

Q6　女文字といわれた平仮名は、男性も書けた？

A……書けた。理由は和歌を書くため。和歌は女性への恋文でもあった。

Q7　室町時代の日本語はなぜ比較的、残っている？

A……宣教師の到来があったから。布教するには日本語を学ぶ必要があった。

Q8　武士が使っていた言葉にはどんなものがあるの？

A……「大儀である（ご苦労様）」「物申す（抗議する）」「一つまいろう（まずは一杯）」「過ごされよ（パーッといきましょう）」「ちょこざいなり（生意気な）」など。

Q9　江戸時代の人々はどうやって文字を覚えたの？

A……主に寺子屋にて。教科書には絵と言葉がついていた。

Q10 日本語自体が大きな危機を迎えたことは何度ある？

A……二度ほどあった。一度目は明治の初め。二度目は終戦直後。

Q11 明治期から始まった言葉と文字の運動は？

A……言文一致運動。書き言葉は平安時代のものを踏襲《とうしゅう》していた。

Q12 江戸末期から明治の人たちが日本語の中で煩《わずら》わしがっていたものは？

A……漢字。膨大な量の漢字を覚えなくてはいけなかった。

Q13 明治になって、外国語を翻訳してできた言葉は？

A……和製漢語。科学、郵便、理想、目的……など多くの言葉がある。

Q14 終戦直後に起こった日本語の危機とは何？

A……GHQの教育使節団が訪日し、日本政府に漢字廃止とローマ字の採用を勧告《かんこく》した。

Q15 漢字に対する憂慮《ゆうりょ》が強い中、その流れを終わらすきっかけをつくったのは？

A……ワープロ（ワードプロセッサ）の登場。文字をデジタルで変換できることで漢字廃止論や漢字制限論が一気に下火となった。

古代の日本語
――縄文から古墳時代まで

日本語のルーツはまだ解明されていません。

一説には南方のオーストロネシア語系統を下地に、北方系のアルタイ語の系統が流れて融合し、日本語の基礎がかたちづくられていったのではないかとも考えられていますが、未だ、系統不明、起源不明の孤立した言語として研究途中であるというのが学術的な見解です。

その中において、本書の立ち位置は、人類が言葉を獲得《かくとく》した当初の形を根底に持った上で、他言語の影響も大いに受けつつ独自進化をしてきた言語が現在の日本語である、という考えを採用しています。

さて、古代の日本語を考える際、通常は、文字としての記録が残る奈良時代からの日本語を考えるのが定石《じょうせき》となっています。

そのため、一般の日本語史では見られない時代――原日本語が形成されることとなった文字のない時代――についての考察を、縄文から古墳時代より始まる日本語史として記していきたいと思います。

ところで文字といえば「神代文字《じんだいもじ》」があるじゃないかと思われる方もいらっしゃるかもしれません。

阿比留文字《あひるもじ》や阿比留草文字《あひるくさもじ》、ヲシテ文字（秀真文字《ほつまもじ》）、カタカムナ、豊国文字《とよくにもじ》など、上古《じょうこ》代より存在していたとされる文字のことですが、これらの文字について深掘りすることは、今回の本書の主旨から離れてしまうため、あえて触れないでおくこととします（「おとひめカード」制作時には、カタカムナはじめ、いくつかの神代文字も参考にしています）。

というわけで、さっそく始めていきましょう。縄文時代は通常、文字を持たない無文字時代であったとされていますが、そもそもなぜ文字を持たなかったのでしょうか？

原始的だったから？ 稚拙《ちせつ》だったから？ ……いえいえ、縄文時代の人々は、私たちが知る以上に高度な精神性と文化を持っていたことが、近年の研究により、どんどんつまびらかになってきています。

答えは……文字を持つ必要がなかったから、と考えられます。

文字を持たずとも暮らしが成立した時代。口伝《くでん》やあるいはテレパシー（!?）によってコミュニケーションも文化の蓄積、継承もできていた時代が、私たちの血の記憶の低脈を握る、縄文という時代でありました。

この時代の詳細と考察については拙著《せっちょ》『縄文からまなぶ33の知恵』（徳間書店刊）をご一読くださると嬉しいのですが、ここでは言葉のみに特化して記したいと思います。

古代より、文字はなくても言葉はあった。言葉は人類の誕生とともに生まれ、育《はぐく》まれ、発達していったと考えるのが自然です。

そんな中、日本においては「和語」と呼ばれる原日本語が醸成《じょうせい》されていきました（注：日本列島にたどり着き定住した人々の間には、和語だけではなく、それぞれの共同体や地域で話されていた別の言葉も多くあったことと思われます）。

和語として形成される前の音（音声）は、森羅万象《しんらばんしょう》の在りようをあるがままに捉《とら》え、観《かん》察《さつ》したものを音（口腔内の模倣によって生み出された音声）として表現したと考えられます。

そこから生まれる発音体感が、サラサラやスルスルといったオノマトペの表現となり、やがて語感とニュアンスを伴った音の連《つら》なりがコトバとなり、世代を超えて継承されていったのでしょう。

原日本語の和語には、シンプルで素朴な発音が多いです。

たとえば、「木」という音声を発声するとき、口を横に広げて強く発する音が「キ」で、その下にある地中に埋まっている同じ木の一部は「ネ」（根）です。

ネという発音は、キの音声より奥側で低い音になります。まさしく根っこのよう。また、木の幹から見上げると、そこからパーッと広がって見えるものを「ハ」（葉）と呼びます。

◉原日本語一例

やま	かわ	いえ	うち	そと	うみ	そら	ひと	はは
あ	め	て	ち	お	ひ	き	ち	わ
あさ	はる	はな	たま	ねる	とり	うむ	ちち	いき

ただ、古代日本語ではハ行は存在せず、奈良時代までパ行だったといわれるため、まさしくパーッと広がる「パ」（葉っぱ）が、木の上にはあったということになります。

そんな素朴で卓越《たくえつ》した観察眼と感性によって育まれた原日本語の和語は、弥生《やよい》、古墳時代にも引き継がれていくことになります。

比較言語学（同系統の言語の方言などを使って、元の言語を復元する学問）の手法を使って再現することである程度の類推がつくようですが、それによると、前述のハ行を始め、サ行やタ行の発音も異なり、また二重母音も加わるため、現在の表記とは異なる発音体系を持っていたことが考えられます。

とはいえ、言葉自体は変わっていないものも多いので、ぜひ、あなたもシンプルな和語で情景を思い浮かべながら、古代人の感性と心を合わせてみてくださいね（83頁で解説したおとひめ訳で訳してみても面白いと思います）。

上代の日本語
――奈良時代

長らく続いた無文字時代を終え、古墳、飛鳥へと続き、漢字が伝来し、やがて言葉に文字をのせることを獲得した奈良時代へと続きます。

その黎明《れいめい》期は聖徳太子が活躍した飛鳥時代であり、当初は漢文が主でした。

そして飛鳥の終わりから大化改新《たいかのかいしん》（645年）を経て大宝律令《たいほうりつりょう》（701年）となり、平城京に遷都《せんと》したことにより奈良時代（710年）の始まりを告げます。

その間、対外戦争である朝鮮出兵の白村江《はくすきのえ》の戦いや、内紛の壬申《じんしん》の乱なども経て、律令国家の礎《いしずえ》が形成されます。

現存する最古の歴史書と呼ばれる『古事記』や『日本書紀』が編纂《へんさん》されたのもこの時期です。外国の脅威《きょうい》から国を護《まも》るためにも、文字を使いこなす必要があったと考えられます。

ですので、しばらくは漢文で記述していたのですが、そもそも漢文と日本語では語順が違うことや、「孤立語」（中国語）と「膠着語《こうちゃく》」（日本語）という文法構成も異なり、表記するには大変な苦労が伴いました。

それでやがて、自国の言葉を漢語で表現する「万葉仮名」が生まれるようになったのです。万葉仮名とは、漢字の音訓を使って読む日本語の読み方です。「真仮名《まがな》」ともいいます。

たとえば、「也麻」と書いて「やま」、「波奈」は「はな」、「久仁」は「くに」といった具合です（一字一字使う文字って……かつてのヤンキーさんたちって万葉仮名だったんだ）。『古事記』は万葉仮名で書かれていますので、外国の人からしてみると、そもそも意味不明で、読めなかったことでしょう。

一方、対外向けに書かれたとされる『日本書紀』は漢文なので、外国の人も読むことが可能です。

このように日本人が使いこなすための文字は、お隣の国より「借りる」ことを選びました。

表音文字である漢字を一つひとつ当てはめ、綴《つづ》っていく労苦はいかばかりだったことでしょう。

『古事記』序文には、いかにして工夫したかが、いにしえからの流れとともに記されています。漢字にするとこうなります。

「然上古之時言意並朴敷文構句於字即難已因訓述者詞不逮心全以音連者事趣更長是以今或一句之中交用音訓或一事之内全以訓録」

……もうこの時点で遠い目になりますが（笑）、これらが持つ意味を、現代風にアレンジして、ワタクシみゆき姐《ねえ》の口語風超訳としてお伝えします（↑太安万侶翁《おおのやすまろおう》、許しておくれ〜。かなりくだけて書いちゃったよお）。

「太古の時代は言（ことば）と意（おもい）が揃《そろ》っていて素朴な言葉が多かったんだよね。でもすでに、今とは意味が違っていたり、すでに使われない言葉もあるわけ。なので文字で区切って、文章にするってそもそもが大変なのよ。

だってね、古い時代の言葉を今の訓読み（和語）で書いてもうまく伝わらないし、だからといって音読み（漢文）にすれば確かに読めるけれど、こんどはチョー長ったらしい文章になっちゃうわけ。

だから区切りの中には、音読みと訓読みの両方を使ったり、場合によっては訓読みだけにして書いてますぞよ〜（いろいろ頑張って工夫してるからね、よろしくね↑と、安万侶翁の心の声つき）」

このように万葉仮名は、音読みとして「也麻」を「山」に充《あ》てるだけではなく、音読み（中国語読み）の「山（サン）」も、同じ意味を持つ言葉であることから「やま」と読むようにしたのです。どっちもありの万葉仮名って、たしかに〝ややこしや〟ですね。

けれども、**時を遡《さかのぼ》ること1300年前より、「表音文字」と「表意文字」の音読み、訓読みのダブルスタンダードをつくり、かつそこに和語もうまくアレンジして、独自の言葉へと発展させていく**って逞《たくま》しいなと思います（使い勝手の悪い家を譲り受け、それをどんどんリフォームして、自分たちにあった家につくり直すリフォームの達人が我らのご先祖様だったというイメージです）。

また、奈良時代末期に編纂されたとされる『万葉集』は、万葉仮名を中心に、漢文を含む4500種の歌が収録されています。

その最大の特徴は、まさしく、万世《ばんせい》にまで残したいと思ったであろう「万《よろず》」の言の「葉」が、身分や職種を問わず、収められていることです。

天皇から貴族、有名な歌人はもとより、下級官僚から防人《さきもり》（辺境防備のために徴兵《ちょうへい》された男性兵士）、詠《よ》み人知らずの一般庶民まで、さまざまな人の歌が選ばれているのです。

その言の葉をどうやって集めたのだろう？　と思うとわくわくするのですが、千年以上前に、偉い人もそうでない人も、男も女も皆同列に、同じ歌集に収まっているということ自体が奇跡に思えます。

また内容も、素朴でおおらかなものが多く、せつせつと恋をうたったものや我が子を思うもの、心を動かされた情景など、いまも昔も変わらぬ人としての営《いとな》みの根本が、「五七五七七」の31文字（和歌）の中に刻まれているのです。

誰もが「やまとうた」――和歌をたしなんで、言祝《ことほ》ぐ時代があったのだと思うと、なんだか胸がいっぱいになりますね。

また『万葉集』の中の柿本人麻呂《かきのもとのひとまろ》の歌に、

「敷島《しきしま》の　大和の国は　言霊《ことだま》の幸《さき》わう国ぞ　ま幸くありこそ」（大和の国は、言葉が持つ霊力によって幸せになり栄えていく国です。どうぞこれからも平安でありますように）

という歌があります。

いにしえの人々は、現代の私たちよりずっと強く「言霊信仰」を持っていて、美しい心から生まれる正しい言葉は、その言葉の通りとなる「よき結果」が現れるし、そうでない場合は、逆の結果を生む、と信じられてきました。

言霊については次章で詳しく解説いたしますが、奈良時代において、このような和歌が詠まれるほどに、人々は言霊が持つ霊的な力を感じていたと思われます。

たとえば、古代において男性が女性の名を問うのは求婚を意味し、女性が名を明かすときは、受諾《じゅだく》するという意味を持ちました。名には魂が宿っているとして、とても大切にされていたのです。

現代においても、披露宴の席では、「別れる」や「離れる」「切れる」「壊《こわ》れる」といった言葉は縁起《えんぎ》が悪い忌《い》み言葉として避けられたりしますし、終わるときは「お開き」として、明るく前向きな言葉に変えて、宴《うたげ》を終了しますものね。

これも言霊信仰の名残《なご》りだといえます。

豊かな情感や心性を、万葉仮名をつくり、記していった奈良時代の人々。そんな感性が今も、言葉の中に内包されながら、現在へと至っていることを思うと、まさしく生き続けるミーム（文化的遺伝子）を感じますね。

なお、奈良時代の発音に関してですが、清音が61音、濁音は27音（現在は清音44音、濁音18音）あったのではないかといわれています（万葉仮名の使い分けより推測）。というわけで、現在よりもっと多くの発音があったということです。

「あをによし　奈良の都は　咲く花の　薫《にほ》ふがごとく　今盛りなり」（『万葉集』より）。

あをによし、奈良万葉人たちの努力は、薫ふがごとく醸成されて、次の時代で花開くこととなります。次節へ続く……。

中古・中世の日本語

――平安から室町時代まで

平安時代の日本語を一言で言い表すならば、**もとは外来語だった漢字を完全に手なずけて（制覇して）、自国語として、言語芸術の花を咲かせた時代**といえます。

もっと簡単にいえば、文字にハマった日本人が闊歩《かっぽ》した時代、でしょうか。

文字でいえば、日本独自の文字――平仮名や片仮名が生まれたのもこの時期です。

時代背景としては、894年の遣唐使の廃止後、それまで主流だった漢字借用の万葉仮名から片仮名・平仮名が生まれ、服装も独自に進化していく国風《こくふう》文化が盛んになりました。

まず平仮名のほうは、万葉仮名の崩《くず》し文字である草仮名《そうがな》が生まれ、やがて平仮名となりました。話し言葉を表すことのできる平仮名で、和歌を書いたり、文を綴ることで、表現の幅がぐんと広がったのです。

世界最古の女流文学といわれる『源氏物語』や『枕草子』の細やかで情緒性のある描写は、かな文字の発明によって支えられていたともいえます。

また、片仮名のほうは、僧侶がお経を読む際に、訓読するために記す万葉仮名の符号を、省略して書き表したものがもとになっています。

かつては片仮名を男手、平仮名を女手といい、片仮名は男性が使い、平仮名は女性が使うものとされました。とはいえ、女性に渡すラブレター——和歌はひらがなですので、男性もひらがなを書きました（表向きには漢字のみ、あるいは漢字と片仮名でした）。

なお、漢字カタカナ交じり文も平安時代に誕生しています。

平安末期になると、こうした文章スタイルは様式美として完成し、その後、約千年間、同じスタイルが定着することになります。

こうした「漢字＋カタカナ」の文章は、正式で格調高いものとされ、主に男性が使用しました。また、「漢字＋ひらがな」の文章も、漢字カタカナ交じり文より派生して広がっていきました。ただ、ひらがなはカタカナより格下として扱われていました。

平安時代のひらがな文と漢字カタカナ交じり文を比べてみると、ひらがなだけでは、読みにくく、漢語も取り込みにくく、論理的表現には不向きであること、しかしながら、ひらがなは書きやすく、ふくよかで情感のある表現に向いていることがわかります。

一方、漢字カタカナ交じり文は、読みやすく抽象表現もしやすいこと、そして論理的である漢文の発想が入っているため、その後は、ひらがな文を抑えて主役の座につきました。

なお、五十音図ですが、こうした音図は平安時代につくられたといいます。つくったのはお坊さんで、音韻の知識を整理するためのものだったようです。

次に鎌倉時代ですが、この時代に現代へと連なる音便の変化がほぼ完了したといわれています。

たとえば「おとひと」を「おとうと」と発音したり、「読みて」を「よんで」と発音するといったように、言いやすいように変化していったのです。

ただ、平安時代の文は、書き言葉と話し言葉が近づいていたものの、鎌倉以降は再び、乖離《かいり》していく流れとなりました。

鎌倉時代を代表する名作『平家物語』は、当時の人たちにとっても古めかしい表現で綴られていたのです。

なお、この時代から、武士が台頭しますので、それまでの貴族的で優美な表現はどんどん廃《すた》れていきました。代わりに、言葉の関係性が一目でわかる**論理性重視の表現**へと変わっていったのです。やはり言葉は時代や環境とともに変化するものなのですね。

さて、室町時代になると、時代はますます混迷を極《きわ》め、応仁《おうにん》の乱（1467年）以降の100年間は戦国時代と呼ばれる「戦乱の世」を迎えます。

その時代は、言葉も文法も乱れていくことになります。

そんな最中、1549年には宣教師であるフランシスコ・ザビエルが鹿児島に上陸し、日本での布教活動を始め、ポルトガルから続々と宣教師が日本へとやってきました。

彼らは布教に必要な日本語を学ぶため、数多くの文法書や辞書を残したり、日本にあった文芸書を訳したりもしました。『天草《あまくさ》版　平家物語』などが有名です。したがって室町時代は、当時の日本語を知ることができる資料が豊富だといわれています。

余談ですが、これらの出来事を俯瞰《ふかん》してみると、当時、世界最強の国であったポルトガルとスペインで、世界を二分しようという計画があったのですね。

そんな中、ポルトガルの宣教師たちは、布教活動とともに、日本支配の先駆隊《せんくたい》として送り込まれたのではないかともいわれています。

ただ、ちょうど渡来した時期が戦国時代の真っ只中であったため、そう簡単には侵略《しんりゃく》されにくかったでしょうし、時を遡《さかのぼ》れば、鎌倉時代の蒙古襲来（元寇《げんこう》）も武士の時代でありました。このように俯瞰《ふかん》した眼をもって捉《とら》えてみると、点で見ると悲惨《ひさん》で胸が痛む時代であったとしても、荒くれ者が闊歩《かっぽ》する戦乱の世であったからこそ、この国は護《まも》られ、日本と日本語が残ってくれたんじゃないかなと思うのです。

近世の日本語
――江戸時代

江戸時代は言葉の歴史から見て、近代語の始まりと位置づけされる時期です。それまで主流だった「古代語」に別れを告げ、活字印刷の普及に伴い、現代語へと連なる話し言葉が急速に広がっていったのです。

また社会のしくみが幕藩《ばくはん》体制となり、それぞれの藩が一つの国としての役割を担ったため、自由な往来が制限され、それに伴いそれぞれの地域のお国言葉、方言が発達しました。同時に、戦乱の世を終え、その後、長きに渡る平和な世を享受した江戸時代は、鎖国《さこく》政策のもと、日本らしい独自の文化が花開いた時代でもありました。

特筆すべきは、日本の政治の中心が、それまでの京都や大阪といった上方《かみがた》から、江戸に移ったということです。

それにより、言葉も上方語（京都を中心とする今の近畿地方の方言）から、東《あずま》の国で話されている言葉、東京方言の元となる江戸言葉が影響力を持つようになったのです。

江戸幕府のお膝元《ひざもと》で、経済発展を遂《と》げた江戸の街では、町人文化や出版文化が発達しました。とりわけ木版で刷られた活字印刷が盛んになり、人々はこぞって本を読むようになります。とりわけ「浮世草子《うきよぞうし》」に始まる洒落本《しゃれ》（遊里《ゆうり》遊びとユーモアを描いたもの）や滑稽《こっけい》本（庶民の日常生活におけるユーモアを描いたもの）、人情本（男女の情愛を描いたもの）などの大衆文学は人気がありました。

そこにある会話文は、いま読んでも、その時代を生きた人の機微《きび》や人情が立ち上がってくるような感動があります（イメージでいえば、歌舞伎のセリフのような感じでしょうか）。

とはいえ、**会話以外の文は「書き言葉」**なので、いま読むとやはりお堅く、古風ではあります。

他にも、浮世絵や浄瑠璃《じょうるり》、歌舞伎、その他の文学や落語、俳諧《はいかい》が大流行し、人々は視覚を伴いながら、言葉と文字の世界を愉しみ、遊び、謳歌《おうか》していたのです。

とはいえ、江戸時代は小氷期《しょうひょうき》と呼ばれる寒冷化が進み、飢饉《ききん》が起こったり、火山噴火や地震、火事など、度重なる災害に見舞われた時期でもあります。その中を逞しくもあたたかい心をもって生きようとした先人たちの「粋《いき》」に、胸を打たれます。

さて、そんな彼らの話し言葉はどのように変化したのかというと、まず、発音の仕方が現在と同じになったということです。特に面白いのが「ハ行」の変化です。

奈良時代以前は、ハ行の音はパ行でした。パピプペポという発音（両唇無声破裂《はれつ》音のｐの音）ですね（母と呼ぶときはパパになっちゃう、ってことですね）。

それが平安時代の中頃には［ｐ］から［ɸ］の音になり、ファフィフゥフェフォに近い発音（無声両唇摩擦《まさつ》音の［ɸ］の音）となり、江戸時代には、現在の発音と同じ、「ハヒフヘホ」（無声声門摩擦音の［ｈ］の音）の音となりました。

言葉遣《づか》いは、身分や階級、職業、教養によって、それぞれ異なっていました。

また、上方語と江戸語でも異なります。

一般的に「江戸ことば」といわれるものは、下町言葉や江戸なまり、江戸弁とも呼ばれる、江戸の町人社会で使われ、発達してきた言葉です。

「粋」といわれる美意識が尊《とうと》ばれ、歯切れがよい言葉が多いのが特徴です。

たとえば、
「てやんでえ」（「何言ってやがるんでい」が短くなった言葉）
「あたぼうよ」（当たり前）
「間尺に合わねえ」（間に合わない）
「とーんとくる」（恋に落ちる）
「べらんめえ」（おバカさん）
など、口は悪いけれど心はあったかい、といった感じでしょうか。
他にも、「ぽんぽん」（お腹）や「あんよ」（歩く）、「おんり」（降りる）、「ねんね」（寝る）も江戸ことばです（子育て中にはお世話になりました〜）。
一方、江戸時代には過去の文献に記されている日本語を、当時使っていた江戸時代の言葉に置き換え、翻訳されることが多くなりました。
奈良時代の書物であった『古事記』は、万葉仮名で綴られている漢字のみの書であったこともあり、読むことは困難で、理解することができなかったのです。
それを一字一句丹念《たんねん》に読み解いて、読めるようにしたのが『古事記伝』という書物を記した本居宣長《もとおりのりなが》です。

このプロセスは、わからなくなった古代語を復活させ、過去の日本語の中にある心性を顧《かえり》みるという意識を生み出しました。

「国学」は、過去の文献を用いて、古代の日本の思想や文化を明らかにしようという学問です。言葉に関して言えば、古代語を「雅語《がご》」と捉え、江戸時代の言葉を「俗語《ぞくご》」と捉える向きもあり、「雅俗《がぞく》」を対応させた辞書が複数生まれました。

江戸時代の武士階級は「儒学《じゅがく》」や「蘭学《らんがく》」「国学」などを学び、庶民は寺子屋でさまざまな知識と言葉、概念を身につけました。

ここから時代が大きく変わり、日本語にとっても未曽有の危機を迎えるのが、幕末から明治に向かう混乱期です。続きは次節で記します。

近代の日本語
――明治時代

長らく続いた幕藩体制に陰《かげ》りが見え、幕府の力が弱体化する中、1853年には開国を迫るマシュー・ペリーが率《ひき》いる黒船が来航します。そこから開国へと至る流れの中で、討幕派と幕府派に分かれ、国を二分する混乱が引き起こされます。

庶民の暮らしでは開国により急速な物価上昇が起こったり、疾病《しっぺい》も流行するなどして、社会不安が増大しました。そんな最中、最後の将軍、徳川慶喜《よしのぶ》は政権を朝廷に戻す「大政《たいせい》奉還《ほうかん》」（1867年）を行い、天皇を中心とした新しい国造《つく》りに励《はげ》むことになります。

こうして1868年、明治新政府が樹立され、欧米列強に対抗できる中央集権国家を目指す、明治時代が始まることになります。

言葉の歴史という観点から見ると、ここからしばらく日本語の受難が続くのです。

まずは明治前夜の1866年、近代郵便の父と呼ばれた政治家であり教育家の**前島密**《ひそか》です。

彼は、時の将軍である徳川慶喜に、漢字使用の撤廃《てっぱい》を訴える**「漢字御廃止之義**《かんじおんはいしのぎ》**」**という建白書《けんぱくしょ》を渡したのです。日本の国力の弱さと知識の低さは、漢字を覚えることに多くの時間を割きすぎるからだ、というわけです（建白書自体は、漢字だらけですが……）。

幕末に西洋列強の力を目の当たりにした彼らは、日本の国力の振興を図るためには、基本となる「言語」をなんとかしないといけない、と考えたのです。

明治新政府ができてからは、言葉の問題がより大きくのしかかってきました。というのは、当時の日本語には、なるべく早く乗り越えなくてはいけない課題が複数存在していたからです。

一つめは**語彙**《ごい》**の数が圧倒的に少ない**こと。

特に、難しい言葉や新しい概念に対する言葉自体が存在していませんでした。

二つめは**言葉に統一性がない**こと。

統一性のない理由はさらに二つに分かれ、一つは誰でもわかる共通の言葉がなかったこと。つまり、それぞれの地方のお国言葉、方言が発達していたため、場合によっては意味不明で理解できないこともあったこと（徳川慶喜が薩摩《さつま》の侍《さむらい》と話していて、何を言っているのかわからない……と困惑《こんわく》している文書も残っている）。

さらに、話し言葉と書き言葉の乖離が進んでいて、どうしようもならないところまで離れすぎていたこと（書き言葉は平安時代のものを踏襲していた）などがあげられます。

そして最後の三つめは、漢字が難しく、膨大《ぼうだい》な量を覚えなくてはいけなかったこと。

……という大きく分けて三つの理由により、日本語の改変と再編という、明治政府に関わった人々の大奮闘が始まるのです。

まずは初代文部大臣となった森有礼《もりありのり》。彼は日本語を廃止して、英語を公用語（第二公用語）にすることを訴えました。

さすがにこれは行き過ぎではないかと止められたものの、踏みとどまることを進言した人が、アメリカの言語学者であったホイットニー博士。

「母国語を捨て、外国語による近代化を図った国で成功したものなど、ほとんどなく、かつ、一部の特権階級だけが話すことになれば、一般大衆との格差と断絶が増す」というものでした。ただ、森自身は、普段話す日本語まで捨てるべきとは思っていなかったようですが……。それにしても当時の切迫した状況がうかがえますね。

次に「漢字廃止論」は知識人の間でさまざまな意見に分かれながら、盛んに議論されるようになりました。ここに端《たん》を発し、書き言葉と話し言葉の乖離をなくし、統一しようという言文一致運動も始まります。

というのは、書き言葉である文語体は、かつての貴族たちが使っていた言葉です。よって高貴で格式の高い言葉であるという認識があるため、そこから抜け出すことはなかなか容易ではありませんでした。

しかしながら明治の文豪たちの努力により、彼らの書いた小説の面白さから、言文一致運動は急速な広がりを見せます。

坪内逍遥《つぼうちしょうよう》や二葉亭四迷《ふたばていしめい》、夏目漱石《なつめそうせき》などは言文一致体で書いた代表的な作家です。

この言文一致の努力は昭和の時代を迎えても継続されることになります。

次に、皆が共通の言葉を話すための「標準語」を、東京の山の手言葉（インテリ層が語る東京弁）に定めました。

「標準語」とはある言語の中で、規範《きはん》的で正式な言い方と見なされて、公的な場や改まった場で話したり、書いたりする言葉のことです（注：標準語は戦後「共通語」へと変わり、方言を超えて互いに通じ合う言葉という認識に変わりました）。

なぜ、このように、言葉の「標準」を定めたのかというと、皆が理解できる言葉がない状態では近代国家とはいえないのではないかという危惧《きぐ》と、それぞれの地域で話されているお国言葉（方言）が、諜報《ちょうほう》活動に利用されかねないこと、かつ強い軍隊をつくるには、言葉も統一する必要があったからです。

実際、明治新政府の中心を担ったのは、薩長土肥《さっちょうどひ》（薩摩藩、長州藩、土佐藩、肥前《ひぜん》藩）の人々です。語る言葉が違うと、認識やニュアンスも異なってくるので、共有される言葉を持つということが、必須だったのでしょう。

こうして始まったのが「方言撲滅《ぼくめつ》運動」です。それぞれの地方で話していたお国言葉（方言）は、「標準語」に比べて劣《おと》った卑《いや》しいものであるという考え方を推《お》し進め、方言をなくしてしまおうという運動が展開されたのでした。

なんとその流れは、戦後になるまで踏襲されたのです。

方言を卑劣《ひれつ》と考える風潮が終わりを告《つ》げたのは、高度成長期が終わった頃（1970年代中盤）からです。

その頃より方言は、地域や個人のアイデンティティを形成する大切な言葉であると同時に、固有の文化を継承する大切なものとして扱われるようになってきました。この方言撲滅運動は、琉球語を話す琉球列島にて、とりわけ強く展開されました。

戦前には県主導にて、学校で方言を喋った児童には「方言札《ふだ》」なるものを首から下げさせ、次に方言を語った子に渡すまでぶら下げているという辱《はずかし》めも行われました（実際にその体験をされた「おばあ」からお話をうかがいましたが、それが本当に嫌でしょうがなかったと語っておられました……胸が痛みます）。

教育制度に関しては、「寺子屋」から「学制」となり、教科書を通した言葉の学習も始まりました。

明治36年（1903年）には、小学校令が改定され、翌年には最初の国定教科書である「尋常《じんじょう》小学読本」が配布されるようになり「標準語」が広まっていくようになりました。

また開国によって、それまでの日本には存在していなかった言葉や概念が、西欧より多くもたらされることになりました。

明治の知識人たちは、それらの言葉を翻訳する際に、言葉の持つ意味や本質を見極めながら漢語を当てはめ、日本独自の「和製漢語」を多く創作しました。

「哲学」や「科学」「会社」「概念」「価値」「感性」「思考」「人格」「現象」「恋愛」「本能」等は皆、明治時代に新しく生まれた漢語です。

このように明治期は、欧米列強《れっきょう》に並ぶべく、大胆で急速な日本語の改変と再編が行われた、日本語史における重要な時代でもありました。

現代へと続く日本語
――大正・昭和から令和まで

大正といえば真っ先に思い浮かぶ言葉が大正デモクラシーですね。大正デモクラシーとは、民主主義・自由主義を求める運動・思想のことで、人々は洋風の文化を受け入れ、大衆文化が発達しました。新聞が普及し、書籍や雑誌などの出版物も多く刊行されるようになりました。

そして、1925年からラジオ放送も始まり、日本中で誰でも、ある一つの（標準語が基準となった）発音やアクセント、イントネーションを持った日本語を聴くことが可能になったのです。

これにより「標準語」の地位はますます上がり、交通網の発達や都市化、高等教育を受ける人の増大などにより、方言はますます廃れていきました。

一方、社会情勢としては、明治から昭和の時代は、複雑化する国際情勢の中で、日清・日露戦争（明治期）、第一次世界大戦（大正期）、日中戦争・第二次世界大戦（昭和期）が勃《ぼっ》発《ぱっ》し、社会全体を巻き込んだ混乱の世を迎えることになります。

言葉に関しては、明治期から始まった言文一致運動により、大正10年と11年（1911－1912年）には、新聞がとうとう言文一致体となり、国民に広く知られるようになりました。一方、公用文が言文一致体を採用したのは、なんと終戦後からなのです。

昭和21年（1946年）元旦に出された昭和天皇の「詔書《しょうしょ》」（いわゆる人間宣言）は、まだ文語体でしたが、1947年に施行された日本国憲法は口語体が使用され、以後、公文書の口語体化が進みました。なお、民法・刑法・商法などを含む六法すべての条文が口語体化したのは、2018年のことです。

漢字に関しては、漢字の表記があまりにも多く、難解であるため、なるべく簡易にすべきという考えが根強くあり、それが「漢字廃止論」や「漢字制限論」となって踏襲されました。

その中で、国家による最初の標準的な漢字の選定となったのが「常用漢字」の選定です。

常用漢字とは「最も普通に使用されていて、これだけで国民生活上大体差し支えないもの」という漢字です。1923年の常用漢字表は1963字ありました。

その後、幾度かの改定を経て、1942年に国語審議会は、それまでの常用漢字に代わり「標準漢字」を選定したのです。

標準漢字とは、それまでの漢字の乱用による不便を排するべく、これを整理統合し、各官庁や一般社会で使用すべき漢字の標準を示したものです。

「時運ノ要求ニ応ジテ」選定されたのですが、たとえば、天皇に関わることや、軍人の勅諭で使われる用語の漢字などが追加されたということでもあります。

そんな漢字の使用も含めた、日本語の在《あ》り方に最大の危機が訪れます。

戦争に負けた日本は、終戦後、GHQにより、かなと漢字を廃止して、すべてローマ字のみで日本語を表記せよとの勧告《かんこく》を受けたのです。

これは日本語の複雑さが国民の広範な知識共有を妨《さまた》げ、戦争に走る要因となったのではと考えられたからでした。もちろん、ローマ字表記にすることで、次のステップとして、英語を公用語とするという算段もあったことでしょう。

終戦の3か月後には、新聞の社説で漢字の廃止とローマ字の採用を主張し、もって民主主義と文化国家の建設を訴える文章が掲載されました。

議会政治の父と呼ばれる政治家――尾崎行雄《おざきゆきお》は英語を公用語にすることを、翌年、志賀《しが》直哉《なおや》は公用語をフランス語にしてはどうかと提言しました。

漢字廃止論に始まり、漢字制限論、英語などを公用語にといった議論まで、侃々諤々《かんかんがくがく》の議論がなされたのです。

その間、1946年11月には「**当用漢字表**」および「**現代仮名遣い**」の内閣訓令と告示があり、翌年には文部省による「ローマ字教育実施要項」、教育基本法や学校教育法の公布がなされました。

そして1948年、GHQは日本人の識字率の低さを証明しようと、無作為《むさくい》に抽出した約1万7000人を対象とした「日本人の読み書き能力調査」を実施したのです。

結果は……**約98%の人に極めて高い読み書き能力があることがわかった**のです。これは世界で最も高い識字率でした（江戸時代から世界一高い識字率です）。

その結果、日本語は日本語のまま護られた（ローマ字化されずに済んだ）という経緯があります。

ちなみに当用漢字とは、一般社会で使用する漢字の範囲を示したもので、国民生活の上であまり無理がなく行われることを目安として選んだものです。

とはいえ「当用」という漢字は、当座の用をたす（当面は使ってよい）漢字としての位置づけであることが感じられます。つまり、漢字を減らす方向で考えていることが垣間見えるわけですね。当用漢字が廃止され、常用漢字となったのは1981年のことです。

漢字の他に「歴史的仮名遣い」（旧仮名遣い）も問題になりました。

というのは、難しく複雑な漢字と文語的な歴史的仮名遣いで綴られた文章は、高度な教育を受けた人たちには理解できても、貧しかったりして義務教育しか終えていない人々には、理解が難しく、一部の特権階級に占有《せんゆう》されているという懸念《けねん》があったからです。

よって、民主化政策の一環として、歴史的仮名遣いは廃止となり、現代仮名遣いとなりました。同様に、漢字の簡略化が図《はか》られ、旧字から新字（旧漢字から新漢字）となったのです。

さて、1981年に公布された「常用漢字表」には漢字が1945字掲載されています。

その常用漢字表に含まれていない漢字を「常用漢字表外字」——略して表外字（表外漢字）と呼ぶのですが、「伊」や「炒」「迄」「叶」も表外字です。普通に使用されていますね（笑）。

このような漢字制限の背景には、戦前から根強くあった、漢字について憂《うれ》いを抱く人々の意向も反映されていたのですが、その主張の眼目の一つに「タイプライターが使えない」という憂慮《ゆうりょ》があったのです（英文タイプライターの文字数は50個程度であるのに対して、和文タイプライターでは2000個以上あった）。

しかしながら、ワープロの普及によってこれらの問題が一気に解決されることとなり、漢字廃止論や制限論が事実上の終焉《しゅうえん》を迎えたのです。

その後、デジタル上の変換で、自由に漢字を選び取ることが可能となり、常用・表外と問わず、漢字を打ち込むことができるようになりました。

それだけではなく、旧漢字（旧字）である「腦（脳）」や「體（体）」「戀（恋）」「氣（気）」「靈（霊）」なども、見つけ出すことができます。

これらの旧字体は、意味を考えながら見直すことで、新たなる発見を得られるものも多くあります。

ここで一旦まとめますと、戦後まもなくのGHQ占領《せんりょう》時代の改革として、

(1) 文語体から口語体へと移行したこと。

(2) 厳格な漢字規制のもと、当用漢字が適用されたこと。

(3)「歴史的（旧）仮名遣ひ」から「現代仮名遣い」になったこと。

(4) 旧字から新字になったこと。

といった変革が行われたのです。このような変化を伴いながら、日本語は大きく変わっていったのですが、戦後の日本においてより大きな変化は、大量の外来語の流入です。

かつての外来語は、日本語に翻訳して「和製漢語」をつくることで日本語化してしまいましたが、敗戦後の日本は、外来語（多くは英語）をそのまま取り入れて、日本語の語彙としたのです。まさに〝ドラスティックな〟取り込み方です。

現在では、あらゆるメディアや書籍で外来語が氾濫《はんらん》し、外来語なしでは日本語が成り立

たないといっても過言ではありません。

しかしながら、事実として、さまざまな変化・変遷を遂げながらも、日本語は日本語として今も残り続けているということ。

かつ、世界の中で9番目に多い母語話者を持つ言語として、日本語を話す人々の暮らしと精神に深く根差し、寄り添っていること。

ゆえに、歴史と文化と自然、人、精神、それらすべてを内包しながら、日本語は今もなお生き生きと、未来へと向かい、生きた言葉として歩み続けているのです。

そして日本語は残った
――日本語史のまとめ

縄文から現代まで、ざっくりとではありますが、一気に駆《か》け抜けた日本語の歴史。いかがでしたか？

大きな歴史軸で見てみると、日本列島に人が住み着いたときから縄文、弥生を経《へ》て、現在に至るまで、さまざまに形を変えながらも、日本語は日本語として残ってきたことがわかりますね。

それにしても、諸外国からやってきたさまざまなものを吸収しつつも、やがて日本語っぽくなってしまう（日本語化してしまう）包容力と逞しさはお見事だなぁと思います。

日本語の表記を見てみても、漢字は中国由来で、ひらがな・カタカナは漢字をもとにしてつくられた日本オリジナル、算用数字のもとはアラビア文字、句読点として使う「，」

や「！」「？」はヨーロッパ言語由来です。

そしてラテン文字（ローマ字）や、ギリシャ文字まで使い、日本語は書かれます。しかも、横書き縦書き両方オッケーのオールマイティ。

私はこれを何でも包んでしまう「ふろしき力」と呼んでいるのですが、なぜそう思うのかは後述します。

それではここで、あらためて、日本語の歴史を簡単にまとめてみましょう。

【日本語の歴史】

（1）縄文から古墳時代にかけて、日本語の基礎が出来上がった。日本語の黎明期。

（2）奈良時代は他国の文字である漢民族の文字――漢字と出会い、もともとの日本語と組み合わせながら、万葉仮名を発明し日本語表記の土台をつくった。

（3）平安時代は、漢字を手なずけ、そこから片仮名と平仮名を発明し、言語芸術の花を咲かせた。書き言葉と話し言葉が一致した時代でもある。

（4）鎌倉・室町時代は、再び書き言葉と話し言葉が離れ始め、文法も変化していった。

(5) **江戸時代**は、**現代に連なる話し言葉の基礎**が形づくられ、太平の世を舞台に、古文研究が進んだり、言語文化が隆盛を極めた。識字率も高くなった。

(6) **明治時代**は、**標準語の制定**や**方言撲滅運動**、漢字廃止論、**言文一致運動**など、日本語の扱い方が大きく変わった時期となった。

(7) **大正・昭和から現代**までは、言文一致運動が進むとともに、終戦後の**国語改革**によって、日本語の仕様自体が大きく変わった。

このような俯瞰軸で見てみると、歴史という縦糸と、環境（時代背景や状況、人々の暮らしや思惑《おもわく》など）という横糸で、言葉は織物のごとく紡《つむ》がれているのだと感じます。

まさしく言葉は、先人たちが創り出した**「いのちの織物」**であり、**軌跡《きせき》**であり、**魂そのもの**ではないかと思うのです。

それにしても、旧石器に始まり縄文から古墳時代までの時期の長さは圧巻ですね。その間合わせて約3万7000年弱。実に長き期間です。

この間に、「日本語」という言葉の種が生まれ、膨《ふく》らみ、多くの種が発芽して育っていったのです。

この中には、森羅万象の模倣を通して生まれた音声、言葉となったものが数多くあるでしょうし、日本列島へとやってきた人々が、もともと話していた言葉や、それぞれの地方や部族で話していた言葉が加わったものもあるでしょう。

さまざまなものやことがミックスされて「日本語」という、ユニークな言語が生まれていったのだと考えます。

そんな長き時期を、お金にたとえてみますね。すると、全部で3万7000円あるうち約3万6500円程度が、いまの日本語へと連なる「日本語の種」として（元本のよう!?）じっくりと育まれていった時期ということになります。

この質感を思うときに、私はよく子育てに奮闘《ふんとう》していた時期を思うのです。

それは、赤ちゃん時代。言葉はまだ語ることができなくても、周りの人や環境からたくさんの言葉の種を吸収している時期です。

やがてそれが言葉となり、幼児期になるにつれて、言葉の数がどんどん増えていく時期（時代でいえば縄文中後期から古墳時代かな?）を彷彿《ほうふつ》とさせます。

その後、小学校へと入学し、成長して言葉を自在に操ることができるようになるまでの時期を、再びお金にたとえると、残り1500円分（笑）。

それが万葉仮名を発明した奈良時代から現在へと続く日本語史の流れかな、というイメージを持っています（主婦目線で語るワタクシです）。

いやぁ……それにしても、ラストスパートがお見事ですね。

とはいえ、この歴史、いまも現在進行形であることを忘れてはなりません。

主役は日本語話者の民です。

そう、**私たち一人ひとりが主役**だったんです。**私たちは、歴史を刻み、伝えゆくものとして、日本語の歴史にたった今、寄与しています。**

日本語が日本語として、いまも語り継がれていることの意味。

天の眼から見たら、なぜ日本語を残そうとしたのか？　いや、残してくれたのか？　その本意がなすところを、深く静かに問いかけ続けたいと思っています。

日本語史コラム1

〔言葉は生きている〕

「わくわく」という言葉、聴くだけで気持ちが高揚する言葉（オノマトペ）ですね。「わくわく」とは、期待や喜びで心が落ち着かないさまのことをいいます。語源は、水が水底から出てくる（湧く）さまや、物事が急に現れるさまのことから、心の中から外へと激しく表れる感情を「わくわく」と表現したのであろうと考えられています。

とはいえかつては、プラスの意味だけではなく、不安やざわつく気持ちも、同じ言葉で表現していました。そう、期待も不安も同じ「わくわく」だったんですね。

それが時代が下るとともに、期待のほうのみを「わくわく」として表現するようになったのです。このように言葉は時代とともに、歴史背景や環境、人と一緒に変化していくのです。

まさに、言葉は生き物の如しです。

少しずつ形を変えながら、その時代と環境を生きる人たちにとって、しっくりくる言葉の概念へと変化・成長しながら、現在進行形で進化していきます。

他にも「やばい」という言葉。明治時代に出版された隠語辞典に「やばい」は「危険なること則《すなわ》ち悪事の発覚せんとする場合のこと」とあり、あまり一般庶民が使う言葉ではなかったようです。

違う説としては、江戸時代から「矢場」と呼ばれる矢を射る場所――遊技場（射的場）があり、明治時代には美女を矢場の店頭に立たせて客引きをし、奥で売春させていたという話があります。

その後、取り締まりが厳しくなり、矢場が廃絶《はいぜつ》させられたことで、「やばい」が、「悪事がばれて捕《つか》まっては困る」や「矢場のように摘発《てきはつ》されては困る」といった意味合いになり、「やばい」という言葉が生まれたのではないかといわれています。

いずれにしても、う〜ん……と、おばちゃま世代の私にとっては、このような由来を持つ言葉は少し辟易《へきえき》してしまいます。

とはいえ、その言葉が持つ、切迫《せっぱく》した空気感が若者を中心に好まれ、20年程前から広く使われるようになりました。たとえば「やばい、学校に遅れる」とか「やばい、成績がガタ落ちだ」といった具合に。たしかに臨場感《りんじょうかん》たっぷりですよね。

その後、意味が拡大かつ反転して、徐々に「スゴイ」や「嬉しい」といったときにも「やばい」が使われるようになって、現在に至っています。個人的には同じ状況になったとしても他の表現を使っていますが、いずれ、そんな躊躇《ちゅうちょ》もまったく消えて、単語として定着していくのかどうか、今後が楽しみだなぁと思っています。

また、語句の読み方も、時代とともに変化していきます。たとえば、言葉で書くときと、言うときの語順が違う代表格である「雰囲気」です。この名詞の正しい読み方は〝ふんいき〟ですが、語るときは〝ふいんき〟と言ったりしますものね。

私としては、昔からこの違いが気になってしようがなかったのです。なので、いまでも〝雰囲気〟と語るときは、早口に言うことで、発音をうやむやにするのです（笑）。言葉は世につれ、人につれ……。まさに言葉は生きているのですね。

日本語史コラム2
〔方言って素敵〕

方言って素敵ですよね。素朴であたたかくて味がある。方言で話しているのを聞くと、思わずニッコリしてしまいます。

道産子である私は、自分の弟妹や親と話すときには、自然と北海道弁になります。「ゴミ」は「投げる」ですし、「トウモロコシ」は「とうきび」、「どうして？」は「なして？」、「こんばんは」は「おばんです」、めちゃくちゃは「わや」となります。

とはいえ、我が家は転勤族だったこともあり、私たち子どもたちはあまり北海道弁を知りませんでした。

そういえば、子どもが幼い頃、実家に帰り、もぎたてのトウモロコシをたらふく食べさせてもらったことがあります。

その際、私の妹が、ゴミ袋用の袋を持ちながら「その芯、投げて」と息子に言うと、そのまま食べ終わった芯が、妹の顔に命中したという珍事もありました。

さて、そんな方言ですが、どのようにして生まれ、発展してきたのでしょうか？

そもそも日本語は「日琉祖語《にちりゅうそご》」と呼ばれる言語グループに属しています。

日琉祖語は日本語派と琉球語派《りゅうきゅうごは》に3世紀頃分かれたといわれる説もありますが、詳しくはわかっていません。

そして琉球語派は琉球語となり、日本語派は八丈語と日本語（狭義《きょうぎ》の言い方です）に分かれ、かつ日本語は東日本語と西日本語、九州方言として独自に発達したと考えられています。ここで大切なポイントが「独自」に発達した、ということです。

川や山が多く、急峻《きゅうしゅん》で複雑な地形の日本は、地域間の往来がそれほど簡単ではありません。そのため、「日本語」というゆるやかで大きなくくりの中で、地域ごとに独自に発展、進化した言葉が方言（お国言葉）として継承されてきたのです。

またその流れを加速させたのが、江戸時代の幕藩体制です。

一つの藩が一つの国といった役割を果たしたため、地域の往来が薄れ、方言はさらに進化したと考えられます。

けれども、「文語」という書き言葉において、同じ表現の伝達手段や共通理解があったため、公的な部分においてはそこまで問題にはならなかったと思われます。

あらためて近畿と関東の方言の歴史を見ていきたいのですが、上代の日本語が中世を経て近世日本語となり、いわゆる上方の日本語として、いまの近畿方言になっていったのですね。

つまり、明治になるまでの〝標準語〟は関西弁だったということになります(「古文」のイントネーションは、上方言葉が「正統」だったんだ、と気づいたときは、新鮮な驚きでした)。

その後、かつての東言葉《あずま》──どちらかといえばあまり洗練されていないと思われていた言葉が、中世・近世を経て、徐々に力をつけるようになってきました。

そして明治以降は東京の知識人たちが語る言葉──「山の手言葉」として、その言葉を「標準語」として定めたことによって、それまでの中心だった関西(京都がメイン)弁が東京弁へとその地位を譲《ゆず》ることになったのです。

そう思うと、何が「標準」なのか、時代や環境、政権によって変わるので、あまり当てにならないなぁと思いました。

もっとも今では「共通語」としているので、「標準語」とは言わないようですが。

それにしても、何かをスタンダード（標準）とする考え方こそ、少し古い気がするんですけれどね。

とはいえ、地方出身の私として感じるのは、肌感覚として、やはり地方出身者には「標準語」（訛《なま》りのない言葉）への憧れがあるとともに、方言を語る恥ずかしさ（北海道弁で言うと……こっぱずかしい、です）などもあるなぁと思います。

なぜ「恥ずかしい」と感じるのか？

そのことを思うと、明治以降繰り広げられていた、方言撲滅運動の残像が、いまもなお、影響しているのではないかと思えて仕方ありません。

実際、方言の価値が再考されたのは、1980年代に入ってからです。

知っている人は知っていると思いますが、テレビでは金八先生が放映され、女子たちが皆、聖子ちゃんカットをしたがった、あの時代です。

その頃から徐々に、方言の大切さが叫ばれるようになり、地方の価値や言葉が見直されるようになったのです。

方言は地域の文化を伝え、地域の豊かな人間関係を担う中軸となるものです。方言でなければ伝えられない、ニュアンスや概念があり、かつスピリット（精神性、魂）も宿っています。

豊かさと味わい、美しさを備えている「方言」をなくしてはいけないと強く思います。

個人的には、方言と呼ぶより、「お国言葉」という表現のほうが、あたたかい響きがあって好きです。

「おクニはどちら？」と、初対面の人に聞いて、話が弾《はず》むのも楽しいです。

言葉を通して、ふるさとを想う。ふるさとを想い、言葉を想う。

土地と人と歴史と言葉、歴史の経糸《たていと》と暮らしの横糸を紡《つむ》ぎながら、それぞれの場と人が、その土地のアイデンティティを内包するお国言葉を通して、皆ともに豊かに栄えていくことを切に願っています。

第五章

言霊
――日本語が持つ深淵世界

第五章では、日本語世界の深淵《しんえん》に触れていきます。それは「言霊《ことだま》」です。

言霊とは、言葉が持つエネルギーのことを指します。日本人は古くから言霊が持つ力を畏敬《いけい》してきました。

本書では言霊学をベースに、量子物理学的な視点も交えつつ、言霊とはいったいどのような世界観なのかを記していきます。

日本語の奥義
――言霊とは？

和の国日本、自らの住まう国のことを一言で表すとすると、それは「わ」という響きで表されます。

和《なご》やかで調和的なしらべでもある「わ（和）」ですが、こうした世界を具現化するための道しるべが、日本語の一音一音が持つ響きと、その並び方の中に指し示されています。

具体的には五十音の配列をいかに並べるかによって、現れる世界が異なってくると考えるわけですが、この考え方の学問を「言霊学」と呼びます。

この章では、「言霊学」について、日本語を語る上で役に立つと思われる部分を、入門的にお伝えできたらと思います。

ただ、なるべくフラットにお伝えしたいので、従来の伝統的な言霊学に、長年、研究してきた物理学的な要素も加えて、記していきたいと思います。

さて、一般的に言霊というと「よい言葉を言うとよいことが起こる」ことであるといわれていますが、これは「言霊」が持つ性質の一部を伝えているものなのです。だったら、言霊って何なの？ と思われるかもしれませんが、**言霊（ことたま・ことだま）とは、言葉が持つエネルギー（律動・力動）**のことを指します。

たとえば、「あー」という響きには、その音声に見合った波長や波形、周波数があり、リズムを持った波の運動が空気中を伝播《でんぱ》していきます。

同じようにそれぞれの音の響きも、それぞれの音声に見合った波長や波形、周波数となって伝播する、固有振動を持ったエネルギーです。**量子物理学的にいうならば、個々の働きを持つ量子の振る舞い**になります。というわけで、言霊とは「あらゆる事の霊《たま》」として、言（ことば）を発することで、音波・電波・光波といった電磁波の一種として、口腔《こうくう》内より発せられるエネルギー発振システムのこと、ということになります。

よって、何かよい言葉（エネルギー、波動性）を発することで、よいこと（物質界・粒子《りゅうし》性）が起こるというのは、原因と結果の法則から見ても自然なことだといえます。

もちろん、言葉だけがよかったとしても、それにそういう想いや行為も伴わなくてはなかなか成就には至りませんので、環境の応援も含めて、言葉のみで望む状態を得るのは、少しハードルが高いかもしれません。

しかしながら、**「言葉」とは「事」と「場」をもたらす誘因《ゆういん》と事象の加速を生むものですので、まさしく「言葉」は「事場（ことば）」となる**わけです。

その正体は**電磁場の波**でもあるということで、「言葉」の漢字を**「光透波（ことば）」**として置き換えて捉《とら》えることもあります。

日本語の音の響きは、事物・事象をあるがままに観察し、その様態を口腔内で模倣して表した言葉がベースとなっているため、様態と音の関連性が高いのです。

よってその逆も然《しか》りで、働きかけもしやすいということから後にそれが「言霊信仰」となって、現在にまで至っていると考えられます。

万葉歌人・柿本人麻呂《かきのもとのひとまろ》は前述にもありますが、

「敷島の　倭の国は　言霊の　佐《たす》くる国ぞ　ま幸くありこそ」

という和歌を詠《よ》んでいますし、同じく万葉集歌人の山上憶良《やまのうえのおくら》は、

「言霊の幸わう国」

として我が国を言い表しています。

もっとも言霊といった思想は日本だけにとどまらず、『聖書』の中でもいわれています。

「初めに言があった。言は神とともにあった。言は神であった」と。

言葉は神——事象を生み出す元のエネルギーを、日本では言霊と呼んだのです。

実は、日本語の持つ一音一音は「神」であり、それを「仮名」（神名《かな》）と呼んで尊《とうと》んできました。「かな」を配置して、精神から物質への系を表した図が五十音表です。

これが言霊学の基本的な考え方となります。

量子スープの中から音が生まれてくるイメージ図

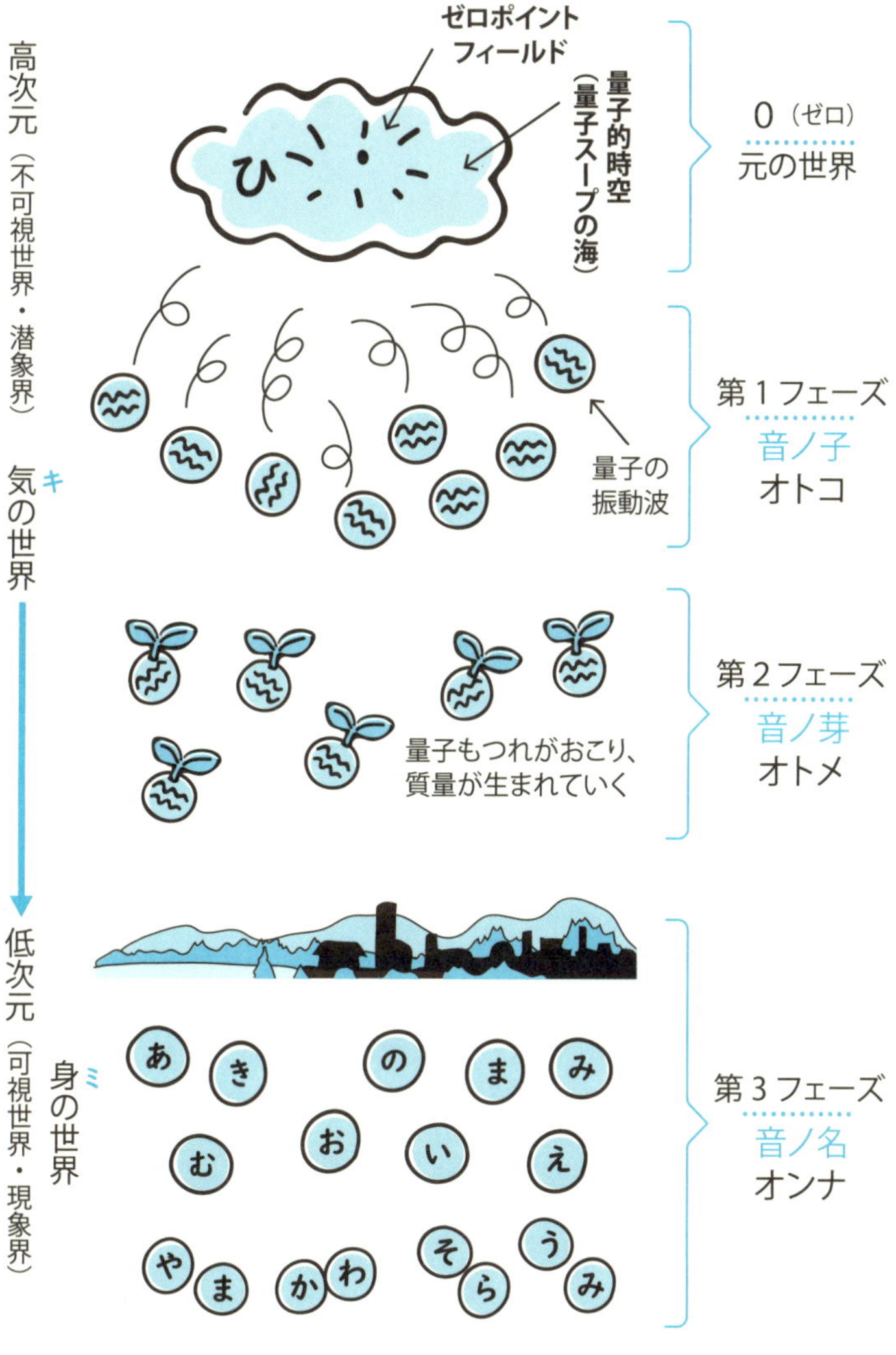

言葉は神である
――五十音と時空

言葉は神であるとする考え方……少しドキドキしますね。

神様をイメージすると、白髭《しろひげ》のお爺さんといった、何か人物としての姿をイメージしてしまうのですが、言霊学でいう「神」は、エネルギーであり、働きのことを指します。

「力」という見えないエネルギーが、「ミ」という実体になる。その「奇《く》しき貴《とうと》き力」のことを、「カミ」と呼んで古代より大切に扱ってきたのです。

言霊学の考え方の中には、たくさんの同音異義語が出てきます。ですので、一見、言葉遊びの世界にも見えるのですが、同音異義語の持つ多層多重な世界に意識を広げながら、奥深い言霊の世界を深奥で味わってみてくださいね。

さて、こうした言霊学の深淵《しんえん》を知る解説書が存在しています。

それは誰でも知っている古史古伝書『古事記』の「上《うえ》つ巻《まき》」です。多くの神名が出てくる天地開闢《かいびゃく》から天孫降臨《てんそんこうりん》前後までを記述している書なのですが、この部分が、言霊が持つ働きを、物語と神名でメタファーとして表している書でもあったのです。

詳細を記述してしまうと膨大《ぼうだい》な量になりますので、より詳しく書いている別書籍に譲りますが（『9次元からの招待状―言霊と科学であなたの世界が変わる』きれい・ねっと刊、『一寸先は光です』青林堂刊、『パラダイムシフトを超えて』徳間書店刊などをご参照ください）、本章では、五十音図《おんず》の働きと神名について記していきたいと思います。

「五十音表」ではなく、「五十音図」といった言い方が気になるかと思いますが、言霊学の考え方としては、これらは単なる図表ではなく、精神宇宙の理を描いた曼陀羅《まんだら》図であり、いま私たちが知っている音の並びの他に、異なる並び方をしたものがいくつか存在しています。

ですので、この章では〝音図〟という表現を使って、お話ししていければと思います。

さて、次頁の「五十音図」が示す縦の行と横の列は、そのまま時空間を表すものです。縦の行（あいうえおなど）にある一つひとつのマス目世界は空間です。

五十音図

宙（時間）

わ	ら	や	ま	は	な	た	さ	か	あ
ゐ	り	い	み	ひ	に	ち	し	き	い
う	る	ゆ	む	ふ	ぬ	つ	す	く	う
ゑ	れ	え	め	へ	ね	て	せ	け	え
を	ろ	よ	も	ほ	の	と	そ	こ	お

宇（空間）

一方、横の列（あかさたな……など）は、時間を表しています。

中国の古典書『淮南子《えなんじ》』によると、空間のことを「宇」と呼び、時間のことを「宙」と呼ぶと書いてありますが、まさしく五十音図は精神宇宙の構造図（曼陀羅世界）であり、いかにして世界（宇宙）を組み立てていくかの宇宙法則・しくみを表した意識の設計図でもあるのですね。

さらに、五十音図は、私たちが知っている「あいうえお……」「あかさたな……」で並ぶ順番の他に、「あおうえい」とか「あいえおう」といった並び方で、横列も異なる、さまざまな音図が存在していて、それらが示す世界によって次元も異なるといわれています。

つまり、音の現れ方、並び方一つ（量子物理学的にいうと量子の振る舞いの発現）で、現れてくる世界も変わってくるというわけです。

本書では、種々の音図についての細かな説明は割愛《かつあい》しますが、現在、活用されている「あいうえお」の五十音表は、5つあるといわれている音図のうち、「天津金木音図」といわれる、物質世界がより反映されやすい音図が適用されています。

ただ、もうすでに兆《きざ》しは見えているのですが、いよいよ異なる音図が、立ち現れようとしているようです。

それは、目に見える世界を繁栄させるというよりも、目に見えない世界（精神）を高く保った状態で、物質世界を添わせていく音図世界の登場です。

後述でその音図のことには触れていきますのでお楽しみに。

天照大御神が渡した稲穂の正体とは？

ここからは、実際に五十音図（82-83頁にある「おとひめカード五十音表」をご参照ください）を見ながら、紐解《ひもと》いていくことにしましょう。

まず、最初に出てくる「あ行」は精神次元――「気・エネルギー・波動性・因」の状態を表しています。

「吾」という高次意識（神様は自分のことを、吾が……といった言い方もされますね。自分の中にある精神の座でもあります）、あるいは「主体」意識としても捉えることができます。

最後の「わ行」は物質次元――「身・実、物質・粒子性・果」を表しています。

こちらは、「我」という肉体意識であり、受動的な客体側の意識で、調和を伴った物質の座です。こうして「あ」から「わ」まで、気の世界から身（実）の世界へと、高次元から低次元へと時空が濃密になって、**波動性は粒子性になる**わけです。

量子物理学でいうと、「あ」から「わ」へと至る8列を通る間に、**自発的対称性の破れ**が起こり、**粒子に質量が生まれる**ことによって、現象化へと至る次元降下が始まるということになります。わかりやすく言うと、いかにして「想い」の世界を、音という三次元の電磁波エネルギーに乗せて、現象世界へと実体化させていくのか、そのしくみを示したものが五十音図だった、ということです。この「五十音図」は、しばしば「**田**」（田んぼの形に似ていますでしょう）として、暗喩《あんゆ》的に表現されることがあります。

さらに田に植えられている稲を「**一音**《いね》」として、一音一音のことを表現したり、行の五音（あ・い・う・え・お）も「**五音**《いね》」、五十音すべても「**五十音**《いね》」として表したりもします。

この地平から見渡すと、日本人の主食である米は、古代より米が長期保存できる貴重な穀物としての役割があるだけではなく、「田（五十音）」を耕《たがや》し、「稲（一音、五音、五十音、宇宙に流れる個々の量子の振る舞い）」を育てることが大事であるということは、精神宇宙の理を示すものでもあった、ということにもなるのです。

となると、我が国の最高神である天照大御神《アマテラスオオミカミ》が示した「三大神勅《しんちょく》」の一つ「斎庭《ゆにわ》稲穂の神勅」があります。

「吾《あ》が高天原《たかまのはら》に　きこしめす斎庭《ゆには》の穂《いなほ》を以《もっ》て、

また吾《あ》が児《みこ》にまかせまつるべし」（神代紀、第九段、一書第二）

天照大御神がお孫さんであられる天孫・瓊瓊杵尊《ニニギノミコト》に、高天原にある稲穂を授けて、「この稲穂を大切にお育てになり、国を治め、繁栄させてください」といった意味合いです。

斎庭は「聖なる田んぼ」、稲《いなほ》は稲のことですから、「いね」（「稲」の他、一音一音や五十音など）を大切に育みながら、想いを言葉とし（「言挙《ことあ》げする」といいます）、「事象世界（『古事記』では葦原中《あしはらなか》つ国《くに》のこと）を素晴らしきものにしてください」ということになります。

なお、天照が治める「高天原」とは、天上の世界にあるだけではなく、高次の（理想の）精神宇宙ということでもあり、高邁《こうまい》なる精神とともにある高次元世界（宇宙）という意味です。

言霊的な世界から見渡すと、また違った世界が広がりますね。

『古事記』の神々と国生み

さて、『古事記』の世界では、最初に天之御中主神《アメノミナカヌシノカミ》が生まれ、その後、高御産巣日神《タカミムスビノカミ》と神産巣日神《カミムスビノカミ》が生まれます。

この三神は「造化三神《ぞうかのさんじん》」と呼ばれ、天地開闢時に現れた始原《しげん》の神として、特別な働きがあるとされています。

この働きを、自分の心の働きの中で表現するならば、まず、「天之御中」という、あなたの脳内世界の真ん中で、あなたがあなたであるとする意識を自覚します。

これが天之御中主神という意識です。ちょうど、朝起きて目覚めたときに、自己を自覚する意識といった感覚が近いかもしれません。

次に、そこから感じる感覚が生まれ、大きく外に向かって広がっていく意識が生まれます。それが高御産巣日神という働きで、能動的で主体的な意識です。

同時にその意識を受けとっている受動的で客体的な意識も生まれます。その働きを神産巣日神といいます。

こうして次々と神々（という働き）が現れた後、16、17番目に伊邪那岐神《イザナギノカミ》、伊邪那美神《イザナミノカミ》が生まれます。

これらの神々（と呼ばれる働き）を始め、言霊百神と呼ばれる最初の神々の名には、それぞれの「かな」が充《あ》てられています。

神々の名で呼ぶと長い名になってしまうのですが、それをごく短い一音の言霊で表現することが可能です。

ちなみに、今お伝えした造化三神の天之御中主神は「ウ」、高御産巣日神は「ア」、神産巣日神は「ワ」になります。

そして、創造神である伊邪那岐・伊邪那美の二神は重要な働きを持っています。

伊邪那岐神は、発音すると、「誘《いざ》な気」であり、誘なう気・エネルギーであり、主体側の意識となります。言霊は「イ」。

一方、伊邪那美神は、「誘な身」であり、誘なわれる身・物質・客体側としての意識になります。**言霊は「ヰ」。**

この二神の役割は、大宇宙の生命意志や創造意志を指し示すものとして、すべての次元に染みわたっています。

そしてア行の精神（波動性）の座である「イ」（伊邪那岐神）から、ワ行の物質（粒子性）の座である「ヰ」（伊邪那美神）へと至る道のことを、「イ」の道、つまり**「いのち」（命、意の道、意の血）**と呼び、それは私たちのみならずあらゆる命を育《はぐく》み、生かしてくれています。

さて、『古事記』の中で、伊邪那岐と伊邪那美の二神は、天浮橋《あめのうきはし》（高次元から低次元である物質次元へと至る橋渡しの次元）に立ち、沼矛《ぬぼこ》をかきなして国生みをしますよね。

この「沼矛」という神器の形は、舌の形ともよく似ており、そう捉えて見てみると、湿り気のある場所（口腔内）で、沼矛（舌）を「こをろこをろ」と掻《か》きまわしながら音声（言霊）を生み、国生み（現象の種）をつくっていく、それを暗喩《あんゆ》しているのだなということが読み取れるのです。

では、どのような音を発すると、どのような事象を生む元をつくることができるのでしょうか？

そのヒントを伝えているのが、日本語再発見ツールの「おとひめカード」でもあるのですね。よろしければ、実際にカードで遊んでみたり、82－83頁にある訳を見て、神様の働き（力動・律動）をイメージとともに、感じてみていただければと思います。

多くの神々が立ち働いている日本語という音のしらべ——一音の響きや単語を解体して感じ入ってみられますと、きっと新たなる発見や気づきが生まれて面白いと思いますよ。

忘れ得ぬ思い出
――ある御神事にて

いま、こうして日本語について、さまざまなことを綴っていますが、ここに至るプロセスの中で、どうしても忘れがたい体験がありましたので、綴らせてくださいね。

それは今から約10年程前のことです。私は縁あって、一般社団法人あけのうた雅楽《ががく》振興会という、和の学びを実践する文化団体の代表を務めているのですね。

その団体で、ある一之宮《いちのみや》にての御神事《ごしんじ》に、奉納《ほうのう》という形で参加させていただくことになりました。

それは、「あけのうた」という一瞬のうちに降りてきた謡《うたい》を、81名の巫女《みこ》とともに神楽《かぐら》として御奉納するというものでした。

そこへと至る一年間は、禊《みそぎ》や行《ぎょう》をしながらのお稽古《けいこ》が続きました。何しろ私自身は、神職でもないただの一般人ですから、なかなか大変なのです。

そうして、凍《こご》える寒さの冬至の夜、篝火《かがりび》が辺りを照らす中で、御神事が行われました。

その御神事の名は「天《あめ》の岩戸開《いわとびら》き神事」といいます。

日の神――天照大御神が、天の岩戸に籠《こ》もられて世界が暗くなったとき、天児屋根命《アメノコヤネノミコト》の祝詞《のりと》を始め、八百万《やおよろず》の神々が、アメノウズメの舞を見て大笑いしたことで、天照大御神が岩戸からお出ましになり再び世界が明るくなる、といった神話を再現した御神事でした。

私に与えられた役は、天照大御神のお役で、あまりの大役に緊張しっぱなしでした。

いよいよ御神事がうやうやしく始まりました。

私はというと、扉が固く閉ざされた真っ暗な拝殿の中、一時間ほど、直立不動のまま立っていましたので、外の様子は一切わかりません。

身につけた装束は、始めて袖《そで》を通すもので、眩《まぶ》しい程の純白でした。

心を鎮《しず》めて立っていると、遠くから太鼓の音や舞を告げる雅楽の音色、そして祝詞の声が聞こえます。締め切った拝殿の中は、驚くほどの暗闇でした。

そこで立っていること数十分……すると、誰もいないはずの室内に、何か、微《かす》かにうごめいているような気配を感じるのです。別な表現をするなら、空間が少し粘《ねば》り気を帯びて、密度が高まり、ほんのわずかながらの流動性がある、といった質感です。

やがて、太陽を模《も》した王冠から垂《た》れ下がっている飾りものが、耳元で何かに触るような感覚を覚えます。シャリン……、チリン……、シーン……。

何だろう？　この気配は。何もないのに何かある、何かが満ち満ちていく……なんとも言葉にできない質感でした。

その後、私の心臓の音も聞こえなくなり、圧倒的な闇の深さの中で、自分の境界線がわからなくなるような感覚となりました。

とそのとき、両側から勢いよく扉が開いたのです。

空気と風が中に入り込み、世界が突然開けました。

さて、幾度となく繰り返した稽古では、扉が開くと同時に、天照役の私は静々《しずしず》と扉の向こうへと歩くことになっていました。

が、その瞬間、私の足は固まったままで、次の一歩が出ないのです。

一瞬、焦《あせ》りを覚えたその途端、今しがたまで感じていた例の気配——密度を持った気配、うごめくものが、一気に私の背後からぶつかり、次の一歩となって、身体を押し出してくれたのでした。

そしてそれらはまたたくまに、扉の外へと飛び出していきました。

ぶつかってから出ていくまでの刹那《せつな》の間に、私はその「うごめくもの」が形となって観えたことに呆然《ぼうぜん》としました。

それはなんと……「仮名《かな》」だったのです。

粘土板で焼いたような板の中に浮かびあがる仮名一文字一文字が、まるで生きているかの如《ごと》く、勢いよく飛び出し、それぞれの音色を奏《かな》でていたのです。


私は予想すらしていなかった展開に言葉を失いましたが、すぐさま平静を取り戻し、無事、御神事のお役を終えることができました。

あれは、いったい何だったのか？　正直、その真偽《しんぎ》は今もわかりません。

ただ、あのとき感じた言葉にならぬ質感――何もないけれどもすべてがあると感じる満ち満ちた空間の気配は、いまもはっきりと思い出すことができます。

そのときの体験と質感が、私の日本語熱をさらに加速させることとなったのです。

当時、洞窟《どうくつ》を模して立っていた暗闇の拝殿を、私たちの脳内にたとえるなら、私たちは常に大宇宙と繋《つな》がり合っていることになります。そうした大いなる先天の気を受けて、その一部を脳内で変換したものを、音という振動＝神動に変えて、世界を照らし、つくり、眺めているのかもしれません。

日本語の音について思うとき、いつも蘇《よみがえ》ってくるのが、このときの出来事と、あの独特な質感なのです。

心の奥でずっと大切にしたい、言の葉にまつわる思い出です。

あけのうた（おとひめ祝詞）

わたつみ深く　海のそこ
ゆらゆら泳ぐ　たいひらめ
鍋底《なべそこ》向こう　ほらあなに
もれたる光　宮ありし
あまふる　まない　たつのみや
かぐや　おとひめ　おられたし
なんじ　来たりし　いくとせや
まちし　ねがいし　いづかたや

作詞・作曲　はせくらみゆき
謡：（社）あけのうた雅楽振興会

乙姫　ふるえ　すずふりて
たまのを　ふるえ　たまふりて
さきはえ　たもう　弥栄《いやさか》を
ねがい秘めたり　玉手箱
満ちたるときは　中今の
あけたるときは　たちはなの
つるかめすべる　ひふみ世《ゆう》
なぎなみすべる　みろく世《ゆう》

あけぼの　あけて　夜明け鳥

神々の名を言霊にて示す

ではここで、一音一音に託《たく》された神名と音を分かち合いたいと思います。

神名は五十音として表すことが可能です。

実際は今回表記している神様名の他にもいろいろとあるのですが、ここでは言霊百神《コトタマノモモノカミ》といわれるご神名のうち、最初に出てくる五十神《イソノカミ》について、言霊との対応関係を記したいと思います。

言霊学においては、その後、いかにしてそれらを運用し調《とと》のえていくかの運用法則の神《かみ》を示す神名が多く登場します。

ただ、今回はそれらの原理を説明する紙面的ゆとりもないため、やむなく割愛《かつあい》しました。

ただ、言霊百神の最終のお姿でもある、三貴神《さんきしん》の神名は入れさせていただくこととしまし

た。

その名は、

九十八番目の天照大御神――「エ」

九十九番目の月読命《ツクヨミノミコト》――「オ」

百番目の建速須佐之男命《タケハヤスサノオノミコト》――「ウ」

です。

なお、五十音図の並びに関しては、私たちが普段使っている「あいうえお」「あかさたな」……の順番では示していないのでご注意ください（但し「イ」と「ヰ」の間にある8つの音韻の並びは決まっていない）。

いま使っている「あいうえお・あかさたな……」の音図は、物質世界が反映しやすい「天津金木音図《あまつかなぎおんず》」と呼ばれるもので、産業や経済を発達させ、物質次元を完成させる働きを持つ「須佐之男命」が、管理する次元の音図と呼ばれています。

その後、伊邪那岐《イザナギ》・伊邪那美神《イザナミノカミ》が管理する音図「天津菅麻音図《あまつすがそおんず》」という、「イ」から「ヰ」へと続く8種の音韻と、母音と半母音のみが存在する原初の響きに立ち返る音図が

◉天津金木音図…「ウ」の次元

ワ	ラ	ヤ	マ	ハ	ナ	タ	サ	カ	ア
ヰ	リ	イ yi	ミ	ヒ	ニ	チ	シ	キ	イ
ウ	ル	ユ	ム	フ	ヌ	ツ	ス	ク	ウ
ヱ	レ	エ ye	メ	ヘ	ネ	テ	セ	ケ	エ
ヲ	ロ	ヨ	モ	ホ	ノ	ト	ソ	コ	オ

＊須佐之男命が管理する物質世界が裕になりやすい音図

◉天津菅麻音図…「イ」の次元

<table>
<tr><td>ワ</td><td colspan="8" rowspan="4">順不同</td><td>ア</td></tr>
<tr><td>ヲ</td><td>オ</td></tr>
<tr><td>ウ</td><td>ウ</td></tr>
<tr><td>ヱ</td><td>エ</td></tr>
<tr><td>ヰ</td><td>ニ</td><td>ヒ</td><td>リ</td><td>シ</td><td>ミ</td><td>キ</td><td>イ yi</td><td>チ</td><td>イ</td></tr>
</table>

＊伊邪那岐命・伊邪那美命が国生みを始める原初の音図

◉天津太祝詞音図…「エ」の次元

ワ	サ	ヤ	ナ	ラ	ハ	マ	カ	タ	ア
ヰ	シ	イ yi	ニ	リ	ヒ	ミ	キ	チ	イ
ヱ	セ	エ ye	ネ	レ	ヘ	メ	ケ	テ	エ
ヲ	ソ	ヨ	ノ	ロ	ホ	モ	コ	ト	オ
ウ	ス	ユ	ヌ	ル	フ	ム	ク	ツ	ウ

＊天照大神が管理する実践知、利他社会音図

現れていきます（原点回帰、もとに戻るといったイメージです）。

そして、いよいよ、これから成りゆくであろう世界（目指すべき世界）である「天照大御神」が管理する音図が登場するのです。それは知恵や実践知が生かされる、利他的な高次の精神物質文明である「天津太祝詞《あまつふとのりと》」という音図です。

本書ではこちらの音図にそって、次にご紹介させていただければと思います。

神名の音図を縦の行で見てみますと「アイエオウ」の並びとなり、横の列を見てみますと「あたかまはら……」となります。

よろしければ横列の一番上を、声に出して読んでみてくださいね。

すると右から「あたかまはらなやさわ」と読むことができます。

漢字で書くと「高天原成弥栄和《たかまはらなやさわ》」。この意味は、吾＝わたくしは、高天原世界（高邁《こうまい》なる理想世界）をつくり、「ますます栄える」繁栄《はんえい》を成し遂げ、和の世界へと至るのです、といった、まさしくこの国の最高神である日（霊）の大神《おおかみ》が高らかに宣言する言霊ともなっているのです。

ですので、どうぞ、こちらの表を眺めてから、目を閉じて、静かに心の中で感じてみてください。毎日、どれほどあなたの内から、たくさんの神様が発動されて、あなたとともにおられるのかを。また、言葉にならない想いの次元でも、あなたの内に、どれだけたくさんの神様が、神詰まりしておられるのかを。

……なんだか、びっくりですよね。

ただ、こちらの対応表は大変パワフルなものでもありますので、どうか安易な感覚ではお使いにならぬよう、節度と礼儀をもって扱っていただくようお願いしたく思います。

すべての神々、働きは、尊く、気高く、大いなる宇宙の経綸とともにあります。

一切の上下優劣正否はありません。また、すべての音を伸ばすと「五母音」へと還元していく、調和と統合の響きでもあります。

どうぞ、多くの神々の気を受けて、言の葉を発することができる喜びをかみしめながら、日の本の言葉――日本語と向かい合っていただければ幸いです。

天津太祝詞音図と神名

ア	タ	カ	マ	ハ	ラ
高御産巣日神《タカミムスビノカミ》	大事忍男神《オホコトオシヲノカミ》	大戸惑子神《オホトマトヒコノカミ》	大戸惑女神《オホトマヒメノカミ》	大山津見神《オホヤマツミノカミ》	天之狭土神《アメノサヅチノカミ》
イ	**チ**	**キ**	**ミ**	**ヒ**	**リ**
伊邪那岐神《イザナギノカミ》	宇比地邇神《ウヒヂニノカミ》	角杙神《ツヌグヒノカミ》	活杙神《イクグヒノカミ》	淤母陀琉神《オモダルノカミ》	大斗乃弁神《オホトノベノカミ》
エ	**テ**	**ケ**	**メ**	**ヘ**	**レ**
国常立神《クニノトコタチノカミ》 天照大御神《アマテラスオホミカミ》	天之吹男神《アメノフキヲノカミ》	速秋津日子神《ハカアキツヒコノカミ》	速秋津比売神《ハヤアキツヒメノカミ》	国之久比奢《クニノクヒザ》 母智神《モチノカミ》	国之狭霧神《クニノサギリノカミ》
オ	**ト**	**コ**	**モ**	**ホ**	**ロ**
天常立神《アメノトコタチノカミ》 月読命《ツクヨミノミコト》	石土毘古神《イハツチビコノカミ》	大宜都比売神《オホゲツヒメノカミ》	久久能智神《ククノチノカミ》	天之久比奢《アメノクヒザ》 母智神《モチノカミ》	天之狭霧神《アメノサギリノカミ》
ウ	**ツ**	**ク**	**ム**	**フ**	**ル**
天御中主神《アメノミナカヌシノカミ》 須佐之男命《スサノヲノミコト》	大戸日別神《オホトヒワケノカミ》	沫那芸神《アワナギノカミ》	沫那美神《アワナミノカミ》	志那都比古神《シナツヒコノカミ》	頬那美神《ツラナミノカミ》

ナ	ヤ	サ	ワ	ン
鳥之石楠船神《トリノイハスフネノカミ》（天鳥船神《アメノトリフネノカミ》）	大屋毘古神《オホヤビコノカミ》	国之狭土神《クニノサヅチノカミ》	神産巣日神《カミムスビノカミ》	火之迦具土神《ヒノカグツチノカミ》
ニ	イ	シ	ヰ	
阿夜訶志古泥《アヤカシコネノ》神《カミ》	須比智邇神《スヒヂニノカミ》	意富斗能地神《オホトノヂノカミ》	伊邪那美神《イザナミノカミ》	
ネ	エ	セ	ヱ	
国之闇戸神《クニノクラドノカミ》	大綿津見神《オホワタツミノカミ》	国之水分神《クニノミクマリノカミ》	豊雲野神《トヨクモヌノカミ》	
ノ	ヨ	ソ	ヲ	
天之闇戸神《アメノクラドノカミ》	石巣比売神《イハスヒメノカミ》	天之水分神《アメノミクマリノカミ》	宇麻志阿斯訶《ウマシアシカ》備比古遅神《ビヒコヂノカミ》	
ヌ	ユ	ス	ウ	
鹿屋野比売神《カヤヌヒメノカミ》（野椎神《ヌヅチノカミ》）	風木津別之《カザケツワケノ》忍男神《オシヲノカミ》	頬那芸神《ツラナギノカミ》	天御中主神《アメノミナカヌシノカミ》 須佐之男命《スサノヲノミコト》	

（言霊学的観点からの代表的な神名のみ掲載しています）

三種の神器と言霊

古代より「言霊」は、世界をどのように組み立てていくか、そして表していくかを描いた経綸として、厳重に管理され、大切に扱われてきました。いまでもそれは本質的には変わりません。

とりわけ、五十音の中に宿るエネルギーを、正しく清らかに使う必要がありました。

その、理想的なエネルギーの活用法を示したものを「甕神《みかがみ》」と呼んで、かつては五十音の言霊を文字にして粘土板で焼き、それを甕《かめ》に入れ、秘法としていたのです。

それは後《のち》の御鏡《おかがみ》となり、御鏡は「八咫鏡《やたのかがみ》」と呼ばれ、祀《まつ》られるようになりました。

なぜ、鏡として表されたのかというと、「鏡」は「鑑《かがみ》」とも置き換えられるもので、理想の精神宇宙（幽世・あの世）を鑑として励《はげ》むべきものであることから、真《ま》っ新《さら》でピカピ力した世界をそのまま、現象世界（現世・この世・うつし世）へと、映し出すために「鏡」になったともいわれています。

次に、その中における天与の判断力と分析力、そしてそれらのエネルギーのタマを繋ぎ合わせていく力のことを、「剣《つるぎ》」と呼び、後に「草薙剣《くさなぎのつるぎ》」と呼ばれるようになりました。

剣とは、太刀《たち》のことであり、切り分けて分析整理していく判断・識別の力であると同時に、剣＝連義《つるぎ》、釣る義《つぎ》と呼ぶように、言霊を組み合わせ、調和的なエネルギーを出せるように釣り合わせていく働きのことを指すのです。

つまり、草薙剣とは、言霊の剣のことでもあったのです。

そして、それら一つひとつに切り分けられて発動するエネルギーボール――言霊のことを、「勾玉（真のタマ、マガタマ）」と呼びます。

勾玉には、ア行とワ行の間に、それぞれ異なる性質を持つエネルギーがあり、その8つの性質を持つ、真なる真の霊《たま》として、＊図表「八尺瓊勾玉《やさかにのまがたま》」といわれているのです。

古代より天皇家に伝わる、三種の神器とはこの形代《かたしろ》が形となったものです。

「天皇」を大和言葉でいうと、「スメラミコト」となりますが、「言霊（別名、御言です。

三種の神器

八咫鏡

草薙剣

八尺瓊勾玉

提供：ankomando/イメージマート

……ミコトとも呼べますね）」の運用をしていく最高責任者として、要《かなめ》（神名目）の役を担っている存在であるといえるのです。

また、この三種の神器という考え方は、他にも応用することができます。

鏡は「たましい」で、勾玉は「こころ」、剣は「からだ」です。

心と身体、魂が共に手を携え、調和していると、人は生き生きと、輝き出しますよね。

他にも、三種の神器が示すエネルギーの資質を、神名として表すことが可能です。

それが、**鏡が天照大御神（え）、勾玉が月読命（お）、剣が須佐之男命（う）**です。

このようにして、三種の神器という聖なる器は、言霊とも関係していたのです。

母音が示す5つの役割

こんどは、精神次元（気・エネルギーの次元）の元種となる「五母音が示す働き」と次元についてみてみたいと思います。

意識次元としては、本能的なものから高次の意識に至るまで、5段階に分かれています。

その順番を五音に置き換えると、「うおあえい」の順番で次元が上がっていくことになります。

もちろん、どれが凄《すご》くてどれが劣《おと》るといったものではなく、それぞれが持つ役割、特性であると捉えてください。私たち人間は、もれなく全員、これらの資質をすべて持ち合わせながら、人生を謳歌《おうか》しているのです。

さて、『古事記』では、前述の通り、「う」「お」「あ」「え」「い」それぞれの言霊に神名が充てられています。

とはいえ、神名自体は、「時間・空間・次元（これを「時処位《じしょい》」と呼びます）」によって、その場に適した力動が起こるたびに名前や役割が変わっていくため、結果として、同じ言霊の中に、複数の神の名が表れていくことになります。

ここではその中でも代表的な神名と、三次元下において表される力動の質について、記しておきます。

これらの言霊が持っている特性をよく観てみると、自分が今、どの次元にいて、何を中心として生きているのか、あるいは生きたいのかが見えてくると思います。

簡単な例をあげると、ご飯を食べているときに、「なんて美味しいんだろう」と感動していたら、それは「あ」次元の感性、感情で捉えているし、「このお米はどこの産地だ？」と知りたくなったら「お」次元の記憶、経験、学問の意識。

「美味しいからもっと食べたーい」と思っていたら、「う」次元の欲や本能的感覚。

「このおかずが一番好きだな」と食べ物を選んでいる気持ちが「え」次元の選択、実践知。

そして、美味しそうに食事をとっている自分自身そのものの感覚が、**「い」次元の創造意志、生命意志**となります。

このように、私たちは日々の中で、5つの次元を往来しながら生きているのです。

◉5つの母音が示すもの

言霊	性質	発展形	気根	心理	神名
い	創造意志	創造原理	生命の力	生命意志	伊邪那岐神
え	知恵・道徳実践知	政治・利他心	英知の力	理性	天照大御神・国常立神
あ	感情	芸術・宗教	愛の力	感性	高御産巣日神
お	記憶・経験	学問・科学	気胆力	悟性	月読命・天常立神
う	欲求・五官	産業・経済	行動力	感覚・現識	須佐之男命・天御中主神

もう少し詳しく解説すると、まず私たちの大本には、宇宙の意志ともいえる、創造意志や生命意志があり、その意志を先天に持ちながら、さまざまな創造活動を行います。

これが「い」の次元で、表立っては見えにくいものの、この意志が時空にも、そしてあなたという存在そのものの中にも染みわたって、あらゆるものを支えているのです。

まさしく「い」の一番、ですね。

そして「い」の神名は、伊邪那岐神です。

「い」の神は、意となって、「ゐ」の神である伊邪那美と一体になり、子産み、国生みという創造活動を行っているのです。

さあ、あなたの「意」は今、何を生み出したいですか？

五母音と次元の捉え方

さて、「い」のエネルギーが、実際の創造活動を行うとき、まずは、自らがつくった、つくられしものの中に宿り、欲求、欲望などの「欲」という形で、自身の創造活動を表していくことになります。

ですので、高次元である「い」の意識から思い切って振動数を下降する必要があるのです。そうでなければ、可視光で見える、形として表すことはできないからです。

このたとえが、須佐之男命《スサノオノミコト》が高天原から追放され、地上へと降り立ったというメタファーになります（「い・ゐ」の神名は伊邪那岐命《イザナギノミコト》・伊邪那美命《イザナミノミコト》です）。

そう考えると、私たち人類は皆、スサノオとして降り立ってきた勇敢なるいのち（いの）であった、ともいえます。

というわけで、「う」は、まさに生まれるの「う」、産む、有《う》として、無から有となったということになる音《おん》です。

そのため、「う」の次元は、次元としては低次でありながら、とてもパワフルなエネルギーを持ちます。

なぜなら**行動の原動力となって、人生を支える**からです。

現在の次元がまさしく、このエネルギーを原動力としています。

「う」次元というのは、本能的な欲求から始まり、五官（目、口、鼻、耳、肌）を通して知覚し、さまざまな欲を生み出します。この次元が発達した形が、経済や産業で、物質的な繁栄がしやすくなります。

次の**「お」次元**は、**脳内における記憶と経験の時空**です。朝起きて、目が覚めて（ここで「う」が発動）、「あ、今日何曜日だったっけな？」と思ったとき、それは「お」次元が働いているということです。この次元が栄えると、学問や科学が発達していき、社会を支えます。

また、生まれてから社会人になるまでの時間は、主にこの次元での経験値と学識を増やしていくために費やされます。

次の「あ」次元は、感情・感性の次元です。この次元は、創造意志である「い」の次元を、発露《はつろ》させようとするときの、具体的なセンサーのようなもので、感情＝神情、感性＝神性として働きかけ、他の4つの次元（う・お・え・い）を見つめます。

宗教は、この次元の完成を目指し、神人合一《しんじんごういつ》を図ります。

「あ」次元の発達形は、芸術や宗教で、人生にうるおいと光をもたらします。

言葉においては、自分の内側から出てくるものによって心が動いたときは「あぁ」と言い、対象物を通してもたらされるものには「わぁ」と言って、感情を表現します。

こうして無意識に、主体と客体との関係性をきちんと言葉で表していたのですね。

次の「え」次元は、道徳実践知と呼ばれる次元です。知恵をもって選び、最適解を見出そうとする次元です。

一番低位にある「う」の次元のところは、もともと「善悪」や「上下」「優劣」「正否」といったものはなく、ただ「有る」「発生する」といった原初的なモノから始まって、欲望へと育っていったものです。そうして出てきた、さまざまに表れたものを、理性的、かつ実践的に選びとっていく次元が「え」となります。

「え」の発展形が、利他的な心を持って生きることであり、本来は、政治が、この役割を果たしていなければいけないのですけれどね。

政治とは「政《まつりごと》」です。「天」（神が担当）と「地」（人が担当）の間《ま》を釣り合わせて、最もよい形となるよう、道徳実践知を使って、示し治めていくということになるのです。

いま私たちは、さまざまな艱難《かんなん》を乗り越えつつ、**「え」次元へと向かい、集合意識においては確実に、舵《かじ》を切り始めている段階**です。「え」の神名は、天照大御神・国常立神《クニノトコタチノミコト》です。

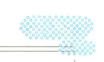

誠なす生き方へ
――楽しみながら進もう

さて、言霊という世界、いかがだったでしょうか？

「言霊学《ことたまのまなび》」は、実に膨大かつ深遠なもので、数十年学び続けている私も、まだ入口の途中で、奥深い世界を覗き見ている状態です。

とはいえ、意識しているのは「知識」を得るのが目的ではないということ。何が大切かといえば、言霊が放つそれぞれのエネルギーを、実際に扱うことができるようになること。

それには、言葉と想いと行為が一つになって、言行一致し、誠なす生き方をすることが最も大切なのではないかと思い、日々、意識しながら暮らしています。

最初の五母音（ア行・エネルギー・気）となる因《いん》の世界と、半母音（ワ行・物質・身）である果の世界を、いかに調和的な心をもって、丁寧に織りなしていくか？

よき言葉、よき想い、よき振る舞いの三方良しで、いかに言文一致運動ならぬ、言行一致運動を実践していくかの実践道場が、暮らすということなのかもしれません。

頑張ったり、無理したりしても長続きしないので、時折「ま、いいか」と言いつつ、ゆるく、長く愉《たの》しく「え」の次元を目指し、進んでいければよいのかなと思っています。

脳内で浮かんだことが、事象となって発現する元種としてのエネルギーボールを、ま、「言霊」としていただいている私たちは、知らず識《し》らずのうちにそれらを駆使して、世界を見渡し、事と場をつくっています。

少なくとも、習得において世界一難しい言語といわれる「日本語」を、幼いときから習得している私たち日本人は、この上なく貴重な現象化しやすい贈り物を、お礼も言わずに、受けとっていたのかと思うと、本当に有難いなぁと思ってしまいます。

「嘘をつかない」とか「正直である」や「誠実である」といった多くの日本人に観られる特性や美意識は、古くから継承された、言行一致を是とする精神が染《し》みついているからなのでしょう。いまこそ、基本に立ち返り、誠なす生き方を心がけたいと思います。

共に楽しみながら進んでまいりましょう。

第六章

深く味わいたい日本語のしらべ

第六章「深く味わいたい日本語のしらべ」では、日本語の音の中からとりわけ重要だと思われる、一音で発せられる言霊を三種、および日本の心を端的に言い表している短い言霊を四種選出し、それらの意味を記すとともに、背後にある精神性や美意識について考察していきます。

どうぞそれぞれの言霊を発語し、ご自分の耳で聴きつつ、お楽しみください。

大切にしたい日本語の音

「わ」

日本の国柄を一文字で表すとするなら、やはりこの音（言霊）、「わ」となるのではないでしょうか。

「わ」を漢字で書くと、和、輪、環、倭、吾、我……など、さまざまな漢字に変換することができますが、最も一般的な漢字はやはり「和」でしょう。

おとひめカードの「わ」は、「エッセンス（量子場）訳」が調和、「キーワード（共振場）訳」が円満・充足・和・環・地・愛の具現化、「ワンワード（象徴語）訳」がHarmony（調

和）となっています。

和の意味は、穏やかさやのどかさ。ゆるやかなこと、あたたかなことといった意味合いの他に、人で言えば気が合うことや、仲良くすること、争わないことを指します。

また、詩歌や音楽では、韻や調子を合わせることをいいます。

そして、何かと何かを混ぜ合わせることも「和《あ》える」と呼び、それぞれのよさを生かしながら結びつき、新しいハーモニーを奏《かな》でながらも、個々の輝きも失われないといった状態も「和」となります。

「和」の持つ質感を感じるために、いくつか和のつく単語を羅列《られつ》してみますので、ぜひ、心の中でイメージを膨《ふく》らませてみてください。

柔和《にゅうわ》、温和、緩和《かんわ》、和木《わぼく》、和睦《わぼく》、調和、中和、平和、人の和、和音……などなど。

あっ、そうそう。いまの元号も和のつく「令和」でしたね。

英語に直すとビューティフル・ハーモニー。美しい元号ですね。

さらに、本書のテーマである「日本語」も、一言で表すと「和」です。和訳や和英辞典の「和」を考えるとわかりやすいかもしれません。

まさしく和とは日本語のことでもあるのです。

加えて、日本という国、そのもののことも一言で「わ」です。

和国日本、別名やまとの国。大和《だいわ》と書いて「やまと」と呼ばれる国に私たちは居住しています。

大和――大きな和の調《ととの》え役を霊的使命として担《にな》っている、大調和を実現せんとする国、それが「和」の国JAPANの本懐《ほんかい》なのであろうと感じています。

となると「和」とは、単に「仲良くしましょう」とか「調和を図りましょう」といったものではなく、互いに異なるもの同士が、あるいは相反する性質を持つものが、絶妙なバランスをもって釣り合っていこうとするダイナミック、かつ細やかなる力です。

その力を発動することによって、それぞれのよさを生かしながらも互いに協力し、生成発展していくことを「和」と呼ぶのではないかと考えています。

もちろん、仲睦まじいことも「和」ではあります。

最初からそうであれば理想的でしょうが、視座を高く持ち上げ、志も高くして、共通の目的に向かいながら切磋琢磨《せっさたくま》することで、結果として「和《なご》やか」な世界が成就していく。

この感覚を、意識の深いところで知っているのが、日の本に住まう人たちなんじゃないかなと思っています。

実際、日本列島の形成も、いまから約1700万年前に始まったといわれ、プレートの運動でユーラシア大陸の端にあった付加体（海洋プレートの沈み込みによって、はぎとられた堆積物《たいせきぶつ》や溶岩《ようがん》が、大陸プレートに付加したもの）が、大陸から切り離されてできた地形です。

その後、マントルの働きにより日本列島は、フォッサマグナを中心に時計まわりと反時計まわりで二つに割れてしまったのです。

さらに活発な火山噴火によって、海底となった場所に堆積物が積もったり、度重なる地震活動による土地の隆起《りゅうき》などがあった後に、南からやってきた海洋プレートの伊豆半島が衝突《しょうとつ》し、現在の形となる逆「く」の字型の日本列島が誕生したというわけです。

こうした大地の物語を知ったとき、私の心は震《ふる》えました。

二つに分かれた島が再び一つになることも驚きですが、さらに新しい島をも受け入れて、一つにまとまっていたなんて……！

異なるものを結び合わせて、かつ新しいものも受け入れて、皆ともに生成発展していこうとする雛形が、すでに足もとのその下で刻まれていたなんて……。

余談ですが、地学の用語で「三重会合点」と呼ばれる場所があります。

それは、異なる三つのプレート同士の境界線が、バランスを取り合って綱引きするがごとく一か所で釣り合っている地のことで、日本には二か所もあるのです。

一つは房総沖で、もう一つは富士山です。

こうした地形的な特質は世界でも珍しく、唯一無二の島々（「島弧」といいます）が日本列島だったというわけです。

私たちは期せずして、奇跡の大地の上に抱かれて、生まれたときから暮らしていたのですね。

さらに、胸を打たれたのが、日本列島の生みの親であるユーラシアプレートから、マグマの活動により引き裂かれていく際に、そのきっかけをつくったプレートの名が粋《いき》なことでした。

その名は「**イザナギプレート**」。

イザナギの求婚（!?）によって、大陸から引き裂かれ、日本海ができて、ちょうどいい塩梅のところで収まった日本列島。

その大地の息吹きを受けながら、連綿と続くいのちの旅の最先端を生きる私たち。

大事に育《はぐく》んでいきたいと思うのです。

というわけで「わ」という響き、あなたという楽器から放たれる「わ」のしらべは、共にありて共に栄えようとする**和合進展の「和」を内包**しています。

つまり、**和して・合えて・進んで・展《ひろ》げる大和の民の心意気が、すでにあなたの中に血の記憶として織り込み済み**だったというわけです。

まずは一人ひとりの内にある和――やわらか（和か）で、なごやか（和やか）な気持ちを大切にしながら、わいわい、わくわく、進んでいきたいものですね。

「ま」

「ま」という音声は、赤ちゃんがオッパイを飲むときの口の形でもあり、音に意味を見出すときに、最初に発語しやすい音声でもあります。

赤ちゃんにとって大切な食べ物（お乳）をくれる人のことをママと呼び、食べ物がマンマと呼ばれたりするのも、なるほど！　という感じですね。

ちなみにマの音声を両唇で強く発音すると「パ」になります。続けて言うとパパ。お父さん、お母さん、そして食べるもの。赤ちゃんが言葉を覚えていくプロセスを見ていると、生命の営みの中で、ごく自然に相応しい音が選ばれて発語されていくんだなぁと思います。

さて、そんな「ま」の音ですが、漢字で書くと真や間、他にも麻、摩、馬、魔など多くの種類があります。

ここでは2種類の「ま」を使って、「ま」の奥座敷に分け入ることに致します。

まずは「間」から。

この「間」には、大きく分けて二つの意味合いがあり、一つは時間のことを指しています。束《つか》の間、合間……といった場合の間ですね。

もう一つの間は空間です。居間、土間、間口といった空間的な間です。

ではこちらの「ま」はどうでしょう？　間合い、狭間、間近。これらの単語は時間と空間、どちらにも使っていませんか？

さて、アインシュタインが唱えた相対性理論では、時間と空間は時空を構成する同一尺度として捉えており、本質的には同じものであることを突き止めました。

この発見により古典物理学から量子物理学へと、現代科学が大きく発展することになるのですが、一方、日本では古代より、20世紀になっての大発見を「ま」の一言で、見事に言い得ていたのですから驚きです。

いまから約7万年ほど前に出アフリカを果たした人類は、長い旅路の末に、とうとう東の果てにある、日が生まれる（昇る）場所へと、たどり着くことができました。

その地は、地震や火山、台風など、自然の脅威《きょうい》にさらされる土地ではありましたが、海や山、そして飲み水が豊富にある豊かな場所でもありました。

そこに住み着いた祖先たちは、自然を畏怖し、観察し、自然の中に溶け合いながら、いのちを紡《つむ》いできたのです。

そうした自然と人の営みの総体が成し得た言霊が「間」であると捉えています。

人と自然の間（マ）、天と地の間、先祖と子孫の間、過去と今、未来の間（かつての言葉でいうとサキとイマとノチになります）……このような時間と空間の狭間にて、その結節点ともいえる、我と今とココを通して、全方向、全時空に繋がっている時空間を楽しんでいたように思います。

というわけで、「マ」という言霊（音）を発声するとき、空間を思い、時間を思い、その中にある質感をある想いに乗せて、時空の機織りを紡いでいけたらと願っています。

「ある想い」って、どんな想いかというと……それが次の「マ」です。

漢字で書くと「真」。真実の真、真（まこと）の真（ま）でもあります。

「ま」という音は、両唇を閉じた口腔内の状態から、両唇をポンッと開き、呼気《こき》を吐き出していく音声です。

おとひめカードの「エッセンス（量子場）訳」でいうと「受容・ゼロポイント」で、「キーワード（共振場）訳」では「真理・真実・本質・本源・宇宙・時空・中心・真ん中」、「ワンワード（象徴語）訳」では「Center（中心）」になります。

まさしく口腔内での仮想的身体模倣運動によって、物事の核となる本質、本質的な姿を

「ま」（真）の一言で言い表していたというわけです。

ですので「ま」から発せられたものは成就していきます。

それが言葉であれば、「まこと」（真・言）となり、行為であれば真・事となって、成就します。

そんな真の心のことを「真心」と呼び、真実・真理・本源から出ている、嘘偽りない誠実な生き方のことを「誠」と呼びます。

簡単にいうと、言ったこととやったことが同じであるということです。

日本に言霊信仰が根づいたのは、こうした「ま」を大切にする生き方を是としていたからなのでしょう。

卓越した観察眼と天地照応する生き方が生み出した英知の言霊――「ま」。

心の真ん中で受けとめながら、常に立ち現れては消えゆく時間・空間の「間」の中で、誠、真っ白で真っすぐな生き方を大事にしていけたらと思います。

「ひ」

「ひ」という音・言霊は、私たちの根源的な性質を表す、大変重要な言葉です。

「ひ」を漢字で書くと、「日」「陽」「火」という漢字を真っ先に思い浮かべるかもしれません。他にも、「灯（燈《ひ》）」「非」「被」「比」「緋」など、種々の漢字に変換することができます。

おとひめカードでは、「ひ」は「エッセンス（量子場）訳」が「根源からの出入り」、「キーワード（共振場）訳」が「日・陽・火・エネルギー・スピリット」で、「ワンワード（象徴語）訳」が「Spirit（精神・魂）」です。

実際に「ひ」の音声を発音してみるとわかるのですが（無声音だとより性質がつかみやすいです）、口を横に広げて、歯と歯の間から息を擦るように強く出す音で、音声学上の分類では〝破擦音《はさつ》〟と呼ばれている調音となります。

そこからくる発音体感を一言でいうと、強くてパワフルなものにたいして言っているのだな、ということになります。

もしかしたら古代人は、眩しい太陽の光を見たり、燃え盛る火の力を見て「ひぃ〜っ」と叫んだのかもしれません。

そんな力強いエネルギーである「ひ」ですから、私たちの魂そのものも、「霊（ひ）」と呼び、太古より尊んできたのです。

「たましひ（魂）」「ひのたま（霊の玉）」のように、自らを構成する本源的、本質的な領域が「ひ」です。

ですので、こうした日がギュッと濃縮したエネルギーのかたまりのような本体を持つ我が、肉体として統合し、留め置かれた存在が、「ひと＝人」（霊統・霊留・霊止）ということになります。

なんだか深いですね。

さらに、「ヒト」という尊き存在が、男子であれば「ヒコ」（彦→霊凝）、女子であれば「ヒメ」（姫→霊芽）として、物事の凝り固まる力（成就力）を強く持つヒコさんと、芽のように柔らかく可愛らしく、けれどもぐんぐんと伸びていく強き霊の力を持つヒメさんの陰陽が結び合って、ますます世界は生成発展していきます。

実際に、人が発するエネルギーを、太陽から生み出される熱エネルギーに換算すると、なんと太陽の一万倍ものエネルギーを放射しているという計算になるのですって。

いやはや、「ひ」のチカラが結集したヒト、侮るなかれですね。

他にも、日本古来の数の数え方――「ひふみよいむなやこと」（一《ひ》二《ふ》三《み》四《よ》五《い》六《む》七《な》八《や》九《こ》十《と》）を、地球進化の歴史として捉える考え方もあります。

「ひ（日・霊）」
「ふ（風）」
「み（水）」
「よ（土）」
「い（草）」
「む（虫）」
「な（魚）」
「や（鳥）」

「こ（獣）」
「と（人）」

その最初の「ひ」と最後の「と」がぐるりと合わさった姿が「ヒト」なので、霊長類のトップとして、この星の存在をすべて慈しみ、まとめ、統《す》べていくのが人の役割なんだよと、子どもが幼かった頃、母乳マッサージの先生から教えてもらいました。

ちなみにその先生から教わった内容は、

「人はヒフミヨ……の最後に出てきた生物。できるだけ、最初の順番である日・風・水・土のお力がたくさん入っているもので、かつ、ヒトから離れた順番のものを多くいただいたほうが元気になれるよ」

ということでした。

お日さまの恵みを受けて、すくすく育つ森羅万象《しんらばんしょう》あらゆる一切。

ヒのもとを国の名として受けとった地に住まうものとして、お日さまのような心で、明るく強くあたたかく、自らと周りを照らして歩んでいきたいものですね。

ことばのイメージ図

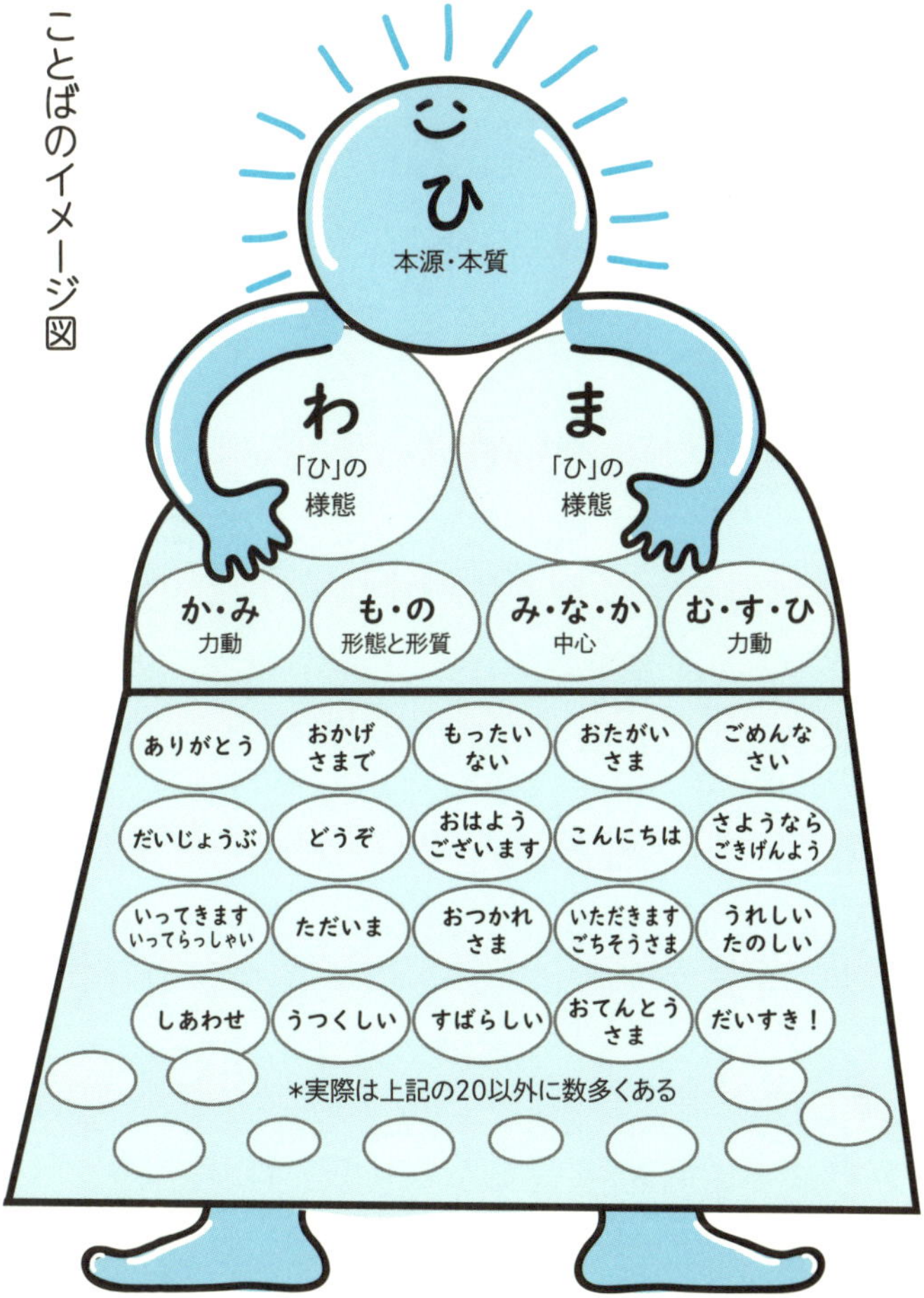
ひ
本源・本質
わ
「ひ」の
様態
ま
「ひ」の
様態
か・み
力動
も・の
形態と形質
み・な・か
中心
む・す・ひ
力動
ありがとう
おかげさまで
もったいない
おたがいさま
ごめんなさい
だいじょうぶ
どうぞ
おはようございます
こんにちは
さようなら
ごきげんよう
いってきます
いってらっしゃい
ただいま
おつかれさま
いただきます
ごちそうさま
うれしい
たのしい
しあわせ
うつくしい
すばらしい
おてんとうさま
だいすき！
*実際は上記の20以外に数多くある

大切にしたいことだま

「かみ」

「かみ（カミ）」――神、上、噛み、髪、紙……

漢字で書くとさまざまな種類の「カミ」に変換されますが、ここでは「カミ」が持つ本質的な捉え方について、言霊の観点から考察していきたいと思います。

古来、自然の中で、森羅万象が織りなす細やかな働きを、注意深く見つめていた古代人は、森羅万象の背後に潜《ひそ》む大きな力――生成させる力、化育させる力、発展させる力、消滅させる力などについても、観察していました。

彼らはこのような眼には見えないけれども確かにある、人知を超えた大いなる働きのことを「カミ（神）」と呼んで、畏《おそ》れ敬《うやま》っていたのです。

おとひめ翻訳では「カ」は力、見えない働き、深遠なもの、強きものといった意味合いを持ち、「ミ」は実体、本質、優しさ、真理、水気、実、身といった意味合いになります。

よって二つを合わせると、見えないものが見えるものとなっていく尊《とうと》き奇《く》しき力のことが「カミ」となるということになります。

そこから、尊いもの、大事なもの、自分より上だと感じるものも皆、カミとなり、おかみさんから、頭上の毛まで皆、カミ（神）となるわけです。

しかも毎日私たちはカミを体感しながら、その恩恵にあずかっています。

それが「噛む」ということ。上の歯と下の歯を合わせながらカミカミ（噛み噛み）して、食べ物を我がいのちに吹き替えて、栄養へと変えています。

こうしたプロセスもまた、カミワザ（神業）でもありますね。

なんだか駄洒落《だじゃれ》みたいになっていますが、古代人の素朴で真っすぐな感性で感得された言葉――カミは、私たちのいのちの根源へと直結する、大切な言霊でもあるのです。

現代の日本人は、宗教に対してあまりよい感情を抱いていない方も多いと思います。

私自身は、特に決まった宗教を持っているわけではなく、神社もお寺も、時には教会にもいく何でもありの人間です。時折、そうした場所に出かけることがあるのは、祈りが込められた場の神聖なる気配が好きだからです。

あえて、どの宗教が好き？　と聞かれれば、やはり「神道」でしょうか。

というのは、いにしえの人々が抱いていたであろう感性的資質——自然を畏れ敬いながら、感謝とともに生きる姿勢を踏襲し、現代へと受け継がれているのが「神道」ではないかと考えているからです（明治以降の国家神道のことではありません）。

「カミ」は、**森羅万象の背後にある活動力そのもの**です。

山には山のカミがあり、風には風のカミがあり、木や獣、そして私たち一人ひとりの中にもカミなる力が宿っています。

また、カミの視点から観てみると、細胞一つひとつ、表れ一つひとつの中に、あらゆるすべての意識を内包して、それぞれとしてある個の世界を愉しんでいる、ということになります。つまり、一にして全、全にして一、あるいは一即多、多即一として、万物流転の中で、永遠の今を、存在物や事象とともに生きているということになるのでしょう。

理屈っぽく言うとこうした表現になってしまうのですが、当の古代人たちは、ただただ懸命かつ純朴に、自然に寄り添い、自然の一部として、その時々を味わい、暮らしていたのでしょうね。

そんな遠き祖先から、いのちのバトンを受け渡された我自身が、いま、ここに生かされ、「わたし」として生きています。

カミの御蔭を感じながら、丁寧に時を紡《つむ》いでいけますように……。

「もの」

「もの」という言葉は、応用範囲が広い言葉です。

たとえば、物質のみならず、事象や事物、道理なども「もの」で表されます。

おとひめ翻訳では「も」は漂う、小さく柔らかな集まり、増殖、包容力、拡大するといった意味合いで、「の」は時間をかける、接続、見渡す、見晴らしのよさといった意味合いを持っています。

漢字で書くと、物、者……になりますが、「もの」という言葉は、大別すると、二つの相反する資質をまとめて「もの」と表現しているようです。

それは、物と心。

物は物体、物質なので目に見えます。心のほうは目に見えませんが、存在していますね。「もの」を使う心的表現でいえば、〝もの思う〟や〝ものごころ〟といった具合です。

つまり、目に見える形態的性質も「もの」、目に見えない形質的性質も「もの」の一言で言い表しているのです。

物理学でいえば、粒子性と波動性と考えてもよいかもしれません。

例をあげて言うならば、私という存在は物質、肉体としての「もの」でありながら、自分の心や気性、性格もまた「もの」になってしまう、という感じでしょうか。

外側と中身、形態と形質、粒子性と波動性、これらをひとまとめにして「もの」で表現してしまう感性がお見事です。

転じて、物と心は不離不可分であり、本質的には一体のものであるということを、感得していたのではないかと思います。

まさしく物心一元の世界観です。

こうしたすべてのものに「心がある」とする考え方が、後に、仏教において、山川草木《さんせんそうもく》悉皆成仏《しっかいじょうぶつ》と呼ばれるような、しみじみとした憐憫《れんびん》の情を持つ物象感を育んでいったのではないかと考えています。

まさしく〝もののあわれ〟で〝いとおかし〟な世界でありますね。

「みなか」

「みなか」の言葉を漢字で書くと、御中になります。

この言葉が使われるのは『古事記』の冒頭で、いちばん最初に出てくる神様の名前の中にあります。

「天地《あめつち》初めて発《ひら》けしとき、高天原《たかあまはら》に成りませる神の名は、天之御中主神《アメノミナカヌシノカミ》……」

（宇宙ができて、まだまもない頃、天も地もなく混ざり合っていた空間から、天と地に初めて分かれ始めたとき、高天原［高次の精神宇宙・天上界］から神が現れます。その名はアメノミナカヌシノカミ……）

この壮大なスケールの中で最初に生まれた神が、天の中心（ミナカ）の主としておられる「天之御中主神」だということです。

「天之御中主神」をどう捉《とら》えるかというと、国学では宇宙の本源を指すものと考えられています。ちなみに宇宙の本源のことは、儒教では天、道教では玄《げん》、易経では太極《たいきょく》、仏教では真如と呼んで、同様の概念《がいねん》を表しているようです。

さて、「ミナカ」ですが、意味は中心、ど真ん中ということです。ですので、中心と書いて「ミナカ」と呼ぶこともあります。

なお、「ミナカ」と「マナカ」の違いは、マナカはそのまま中心のことで、ミナカの場合は、その中心にある実体、中身のほうにフォーカスしています。

ミナカは、プラスでもなくマイナスでもない、ゼロとなる場でもあります。

物理用語でいえば、ゼロポイントフィールドになるでしょうか。

そこから、「陽の力動（タカミムスヒノカミ）」と「陰の力動（カミムスヒノカミ）」が生まれ、それらが混じり合うことによって「種」となるエネルギーが生まれ、その光が拡散する（ウマシアシカビヒコヂノカミ）ことで、森羅万象のもと（アマノトコタチノカミ）がつくられ、やがて事物事象となって現れると考えていたのが、ご先祖様たちの世界観、宇宙観です。

すべてのものには中心がある。

最初の一点――中心から多極へと広がりゆく世界。その中心までいきつくと、万物すべては混然一体の仲間であり、根を同じくする万物同根であるということになります。

この中心統一された世界観を潜在下で共有しているからこそ、表れの世界で、どんなに見目カタチや環境、質が異なったとしても、そこまで気にならないのではないかと思うのです。同時に、共同の目的（中心）にそって、それぞれのできることを全体の中の分体として、一生懸命果たすという考え方が生まれたのではないでしょうか。

まさしく菊花紋のように、一枚一枚の花弁となって中心（ミナカ）に束ねられ、全体として、さらに栄えていくがごとく。

ミナカの心、忘れずに過ごしていきたいものですね。

「むすひ／むすび」

「むすひ」を漢字で書くと「産霊」。神道における重要な概念で、天地や万物を生成進化させる霊妙なる働きのことを指します。

「むすひ」の「むす（産）」は、「うむす（産むす）」の「う」が取れたものとされ、自然に、自ずと発生するといった意味合いがあります。苔生《こけむ》すの「むす」も同じですね。

次に、「ひ」ですが、ここでは霊（ひ）としての働きで、霊（ひ）には、霊妙なる神秘的な働きがあることから、「自ずと生まれるヒの働き」がムスヒというわけです。

前述の『古事記』冒頭にある文で、アメノミナカヌシの次に出てくる神様の名に、このムスヒが使われているのです。

その名は「高御産巣日神《タカミムスヒノカミ》」と「神産巣日神《カミムスヒノカミ》」。

音で見ると、二神は「タ」があるかないかの違いしかありません。前者は能動積極の陽神、後者は受動受容の陰神として、陰陽混じり合い調和して次の段階へと進む、という様態を示しています。

その後も、たくさんの「ムスヒ」（ムスビ）がつく名の神様が現れてきます。

おとひめ翻訳では、

ム＝生まれる
ス＝根源
ヒ＝魂

となるので、やはり同じ意味合いとなります。

現代人がよく使う言葉の中に、ムスの力を使った言葉があります。

それがムスコ（息子）とムスメ（娘）です。ムスコの場合は、自ずと生まれ凝《こ》り固まる（成就する）、ムスメは自ずと生まれ柔らかく育つ、になります。ヒコとヒメと似ていますね。

後から調べたら、息子はムスビヒコ、娘はムスビヒメから転じたものとわかり、やはりそうかと思いました。

なお、ムスヒの音便（発音しやすい音に変わること）が、ムスビになります。

漢字にすると「結び」。

ひも状のものを結んだり、人との縁を繋いだり、結末のことも結びといいますね。

そして今、世界で大人気の日本のソウルフード、「おむすび」もまさしくムスビなのです。

結びつくことによって神霊の力が生み出される尊い食べ物である「おむすび」を、私たちは生まれてから今までどのくらいいただいたのでしょう？　きっと体の中は霊妙なる力でいっぱいなのかもしれませんよ！

ところで、２０１６年に大ヒットした映画「君の名は。」でも結びというキーワードがたくさん出てきました。

映画を象徴する言葉であったともいえる「結び」は、主におばあちゃんの口から語られます。

たとえば、

「水でも、米でも、酒でも、何かを体に入れる行いもまたムスビという。体に入ったもんは、魂とムスビつくで」

というセリフがあったり、

「糸を繋げることも結び。人を繋げることも結び。時間が流れることも結び」

と語ることで、作中のみならず、視聴者である私たちに、

「結びって何なの？」

という疑問を投げかけてくれます。

ムスヒ、ムスビ。何かと何かが結ばれて、新しい何かが生まれていくということは、対立ではなく協調、協力し、共に手を携えながら、共存共栄を図っていく心意気であるともいえます。

まさしく「わ」と通じる概念であり、「わ」の動的な力を「結び」によって表しているのかもしれません。

〝むすんでひらいて手をうって……〟

音が生まれるように、結びの力に生かされて、自らもまた、元気よく結んでいきたいものですね。

人生を輝かせる日本語20

1「ありがとう」

最もシンプルでありながら、最もパワフルな言霊が「ありがとう」です。

漢字で書くと「有難う」。この意味は、有るということが難《かた》いということ。つまり、滅多にないということであり、さらに言うと、ほとんどあり得ないとか存在し得ない、ということになります。

なのに、有る。

それを人は奇跡と呼ぶのですね。

そんな奇跡が、起こり得ていることの有難さ。これが「ありがとう」です。「ありがとう」というたびに、世界がぐんぐん明るくなります。

2「おかげさまで」

「おかげさまで」は、日常のさまざまなシーンで活用しやすい言霊です。

漢字で書くと「お蔭様《かげさま》で」。

……ん、何の蔭？　しかも様付き。実はこれ、見えない偉大なる力のことなのです。

わかりやすく言うと、神や仏、天といった感じでしょうか。

こうした目には見えないけれども有る大きな力によって生かされ、いまの自分がある。

なんとありがたいことか、といった感謝と畏敬の念が「おかげさまで」の中に畳み込まれています。この言霊を、素直に語れる人でありたいものですね。

3 「もったいない」

地球に対する敬意が感じられる概念であるとして、ノーベル平和賞を受賞された環境活動家のワンガリ・マータイさんが「Mottainai」として世界に広めた言葉でもある「もったいない」。漢字で書くと「勿体《もったい》ない」。「勿体」はもともと、もののあるべき姿や本質、本来の価値、といった意味合いを持ちます。

転じて、それらの本質や本来の価値が失われてしまうことを嘆いたため、「もったいない」になったといわれています。

「もったいない」の心は日本発、世界へと伝搬した文化的遺伝子・ミームなのです。

4 「おたがいさま」

「おたがいさま」は、互いが同じ立場や状況に置かれていることを指します。

たとえそのとき、同じ状況ではなかったにしても、「いつか自分も同じ立場になるかもしれないので、気になさらないでくださいね」という気持ちを込めて語ることもあります。つまり、思いやりと寛容《かんよう》の精神が「おたがいさま」という一言の中に込められていたのです。

相手を思い量《はか》る心、譲《ゆず》り合う心、優しい心遣いが素敵ですね。にこやかな笑顔を添えて、「おたがいさま」と言える人でありたいものです。

5「ごめんなさい」

「ごめんなさい」を漢字で書くと「御免なさい」。

「御免」の語源は「許可」という意味の「免」に接頭語がついたものです。鎌倉時代までは「許す」という行為をする人を「敬う」、という使い方だったようですよ。その後、室町時代以降、いまの使い方と同じように、ゆるしを求めたり、相手に寛容を求めたりするときへの表現に変化した言葉でした。

「ごめんなさい」が素直に言える人は、運も縁も引き寄せやすい人です。

潜在意識をクリーニングしてしまうホ・オポノポノの「ごめんなさい。許してね。ありがとう、愛しています」もおススメの言霊です。

6「だいじょうぶ」

「だいじょうぶ（大丈夫）」とは、危なげなく安心しているさまや、強くてしっかりしているさま、あるいは、問題ないこと、確かであるといった際に使う言の葉です。

自分に語るもよし、人に語るもよし。とても力強い安心の言霊でもあるのです。

不安や心配事など、心がぐらつくことがあったら、まずは「だいじょうぶ」という言霊を唱えてから、物事に対応してみてください。

自らを信頼し、「安心」という気（エネルギー量子）を選んでから動くのです。そうすることでより「大丈夫」で、よき現実が訪れやすくなるでしょう。

7「どうぞ」

「どうぞ」は優しく、柔らかな語感を持つ美しい日本語です。

心から願ったりする気持ちを表すときに使ったり、「どうぞお大事に」のように、相手に丁寧に頼んだり、祈りの気持ちを伝えるときにも使います。また、ものを勧めるときや許容する気持ちを表すときにも使える、大変便利な言霊です。

あまり多用しすぎるのもどうかとは思いますが、「どうぞ」の後は、礼節と思いやりのある言葉となりやすいため、ぜひこの言霊を使われるときは、相手の幸せを願いながら、思いを込めて語ってみてくださいね。きっといいこと、ありますよ。

8「おはようございます」

挨拶って気持ちいいですよね。心の扉が開くように、世界の扉も開かれていくような清々しさがあります。そんな挨拶の代表格が「おはよう」や「おはようございます」です。語源は「お早く起きることができまして、（あなたの）ご健康おめでとうございます」といった意味の省略形であったのですね。

「早起きできる」ということは、健康であることの証でもあります。

こうして、相手の健康を気遣い、歓び、祝福する心がご挨拶となったのです。素晴らしい言霊ですね。

9「こんにちは」

「こんにちは」を漢字で書くと「今日は」。この中にある「今日」とは、太陽のこと。ですので「やぁ、太陽さん」と言っていることでもあったわけです。

たしかに、この御挨拶を言われると気持ちが晴れやかになるのは、この意味を潜在的に知っていたからなのかもしれませんね。いまでも太陽のことを「今日様」と呼ぶ地方もあるようです。

なお、「こんにちは」に続くご挨拶は「お元気ですか」です。元の気とは太陽のこと。ですので「こんにちは」で、その方の中にある心のお日さまを輝かせ、「お元気ですか」で「太陽さんと一緒に明るく生きていますか？」と聞いていたということでもあったのです。なんと日の本の国らしいご挨拶なのでしょう。

10 「さようなら／ごきげんよう」

別れ際《ぎわ》に伝えるこのご挨拶、出会いのご挨拶と同様に粋な言葉でもあります。この意味は、「おはよう」や「こんにちは」あるいは「こんばんは」（今晩は○○ですね、と交流が始まる言葉の省略形がもとだといわれる）などの言葉に続く、結びの言葉でもあります。始まりのご挨拶の意味を思いながら「左様なら（ば）、ご機嫌よう（ご機嫌でよろしいですね）」ということになります。

挨拶は、身近な言葉に心を添えて、相手の幸せをさりげなく願う素晴らしいマントラ（真言）でもあったのですね。

11「いってきます／いってらっしゃい」

外出時に交《か》わすご挨拶「いってきます」。この言葉は「行きます」と「帰ってきます」が合わさってできた言葉で、「いまから出かけます。そして帰ってきますからね」という一種の宣言文でもあります。

「いってらっしゃい」のほうは「行く」と「いらっしゃる」（来る、行くなどの尊敬語）から来ているもので「行ってご無事に帰ってきてくださいね」という祈りの言葉なのです。

〝言霊の幸わう国〟でもある大和の国のご挨拶は、祈りが言葉となったものであり、同時に「予祝」（あらかじめ先に祝うこと）としての言霊でもあったのですね。

12「ただいま」

帰宅時に使うご挨拶である「ただいま」。この言葉は、不在の長きを申し訳なく思いながらも、とうとう戻ることができた喜びを「只今（たった今）、戻りましたよ！」の省略形で表したものです。

ご挨拶として使うだけではなく、今この瞬間を十全に生きたいときも「只・今」と自分に伝え、今この瞬間に意識を向けることができるパワフルな言霊です。

なお、「ただいま」に続くご挨拶である「おかえりなさい」は、送り出した相手が無事に帰ってきたことを喜び、感謝の念を伝えているのです。

祈りと感謝で包まれる時間と空間。ご挨拶って奥深いですね。

13「おつかれさま」

「おつかれさまです（でした）」は、何か事を終えたときに、相手をねぎらい、使う言葉です。他にも「ご苦労様」という表現もありますが、こちらはもともと武将が家臣に対して使う言葉でもあったため、現在でも目下から目上の方に伝えるのは失礼であるとされています。それに対して「おつかれさま」のほうは比較的その縛りはないといわれます。

とはいえ「お疲れ」という表現がネガティブなため、使うのはどうかという意見もあります。しかしながら、相手の労苦をねぎらい共感するという意味で、心を込めて伝える言葉は、表面上の質感を超えて、ストレートに相手に届くのではないかと思っています。

14「いただきます／ごちそうさま」

「いただきます」の語源は、神社で神様に捧げた供物（食べ物）を受けとるときの動作——頂き（頭上）から拝受している姿がもとになっています。天からの恵み（食材）に敬意と感謝を示している有難き祈りの言葉が「いただきます」だったのです。

また、「ごちそうさま（御馳走様）」の「馳走」は走りまわるという意味に、敬語的表現の「御」と「様」をつけて表したものです。冷蔵庫もスーパーもなかった時代、食材を揃えるのはさぞかし大変だったことでしょう。さまざまに尽力して食事を準備してくれた方へのねぎらいと感謝、そして天地の恵みそのものへの感謝も込めて伝えるご挨拶です。

15「うれしい／たのしい」

「うれしい」とは、物事が思い通りになって満足し、喜ばしいことや、よいことが起きて愉快《ゆかい》で楽しいこと、あるいは相手から受けた行為に対して感謝しているさまに対して使う言葉です。このような嬉しい気持ち――喜びは、「たのしい」同様、さらなる喜びや楽しさを引き連れ、膨《ふく》らみながら巡りやすくなります。

なお「たのしい」は、もともと「手伸し」から来ており、嬉しくて楽しくなると、手を伸ばして喜び舞うことから始まっています。暮らしの中で、最高にパワフルな感情である「嬉し、楽し」の心。まずはこの言葉を語ることで、心を導いていきましょう。

16「しあわせ」

誰もが願う「しあわせ」。語源には「仕合せ」と「為し合わせ」の二つがあるといわれています。「仕合せ」のほうは、「し＝する」と「合わせ＝合わす」を組み合わせた字で、〝めぐり合わせ〟という意味になります。

もう一つの「為し合わせ（為し合わす）」はお互いに「し合う」という意味です。

語源から考えると、「しあわせ」とは、誰かと何かをすることで（出会うことで）生まれる状態であることがわかります。

私たちが出会う人、モノ、コト……一つひとつの出会いに心を手向《たむ》けながら、「しあわせ」を感じ、味わえる人でありたいなぁと思います。

17「うつくしい」

何を「うつくしい」と感じるか、人それぞれではありますが、日本の歴史においても変遷を重ねてきている言葉です。

古代には親しい人への愛情表現に使い、平安時代には小さくて可愛らしいものに対する愛情や美もプラスされ、中世には綺麗や美しさの意も加わり、近世になるにつれて、さっぱりしてこだわりがないことも美しさのカテゴリーに入っていきました。つまり、日本人の精神性――美意識が「うつくしい」の一言の中に透《す》けて見える、ということです。

あなたは何に美しさを感じますか？　どうぞ美しき人生を、美しい言の葉とともに紡いでいってくださいね。

18「すばらしい」

大変見事である、この上なく好ましいといった際に使う「すばらしい（素晴らしい）」は、言っても言われても嬉しくなる言葉ですね。とはいえ古くは「はなはだしい」といった意味で真逆の使い方をされていたこともあったようです。

似たような言葉に「素敵です」がありますが、どちらも「素」という漢字が使われています。「素」というのは「元」のことで、根本や始まり、そして本来の性質を指す言霊が「ス」です。となると、素に敵《かな》っているものが素敵となり、素が見えて晴れやかになっている状態を、素晴らしいと呼ぶのではないかと考えています。どうぞ素晴らしき日々を！

19「おてんとうさま」

「おてんとうさま」という表現は、一見子どもっぽいので語るには少し抵抗があるかもしれませんが、漢字で書くと「お天道様」。まさしく天の道という、宇宙の摂理《せつり》、大いなるものを一言で言い表している言葉でもあります。その代表格が太陽となって、常に私たちを照らし、育んでくれているのです。

かつてよく聞いた「お天道様が見ているよ」や「お天道様に恥じない生き方をしよう」といった感性――誰も見ていなくてもお天道様は見ているのだから、嘘をついたり、悪いことをせずに、清明《せいめい》正直に生きることをよしとした、伝統的な考え方が、この一言の中にギュッと詰まっていたのですね。

20「だいすき！」

「好き」という感情は、さまざまなものを生み出すことができる、最も根源的で力強い感情です。そんな「好き」がたくさん詰まっている言葉「大好き」は、実にパワーワードでもあるのです。

「大好き」を使った簡単なワークをお伝えします。自分の体の内側に対して、あるいは外出時に出会う風景に対して、一呼吸ずつ「大好き」と「ありがとう」を心で繰り返してみるのです。5分も続ければ、かなり心身がスッキリして周囲が「大好き」で満たされます。暮らしの中にあるささやかな「大好き」を大切にして、人生をより輝かせてくださいね。

第七章

日本人の美意識と精神性

最終章となる第七章では、日本人が大切にしてきた精神性——何を美しいと思うのかといった美意識について、四つの大和言葉に「力」をつけて論じています。

自然界に働く「四つの力」よろしく、日本人の魂の中に刻まれている「四つの力」として、ご紹介させていただきます。ご一緒に考察してまいりましょう。

日本人の精神性 1
天地結ぶ心「みはしら力」

「みはしら」という言葉を漢字で書くと「御柱《みはしら》」となります。諏訪《すわ》大社のお祭りのことをご存じの方は、この漢字を見ると、思わず「おんばしら」と読みたくなってしまうと思うのですが、ここでは「みはしら」という呼び名で記していきたいと思います。

はしら（柱）とは、地面などから垂直に立っていて、屋根や梁などを支える材のことです。同時に、神様の数え方も、一柱《ひとはしら》、二柱《ふたはしら》といったように「柱」という助数詞が使われます。

古くから「柱」は、上下、天地を繋《つな》ぐものとして、大切に尊《とうと》ばれてきました。

おとひめ翻訳でいうと（あなたも自分なりの言葉に変換してトライしてみてくださいね）「ハシラ」とは、〝引き合いながら示されている場〟ということになり、そこに「ミ」がつくことで、〝本質的な実体が引き合いながら示されている場〟のことを表しているものということになります。

また、私たちが普段使っているもので「箸《はし》」がありますが、これは食べ物と口を繫ぎ合わせるものですし、渡る「橋」も、異なる場所を繫ぎ合わせるものです。このように「ハシ」と呼ばれる、何かと何かを結び合わせて交流させることのできるエネルギーの場を「ハシラ」（ラは場、変化、渦《うず》、螺旋《らせん》などのこと）と呼んで、尊んでいたのでしょう。

古くから、世界中の至る所で、木には精霊（神）が宿ると多くの部族や民族たちに考えられていました。やがて、それは「柱」となって信仰の対象となっていったのです。

たとえばゴシック建築の荘厳な柱の数々は、ゴート人の樹木信仰へのオマージュですし、キリスト教のもみの木を始め、ケルトの聖木である樫の木、そしてトーテムポールやオベリスクなど、世界中に「柱」を敬う文化の痕跡を見ることができます。

日本でも、先にお伝えした神様の呼び名を始め、縄文遺跡からも多くの柱の遺構が出土しています。

こうした柱の元となる樹木は、下半分を土の中で、上半分を地上で暮らし、天の光を受

けて成長している、まさしくあの世（見えない世界）とこの世（見える世界）を繋ぐ存在でもあります。

また、木を切って丸太の切り株を眺めると、真ん中に中心があり、それを囲むようにして丸い円が幾重にもできています。

真ん中にある大切なものを護《まも》りながら、そこを中心に広がり、皆で協力し、手を取り合いながら守り、育んでいくという考え方が、縄文時代の環状集落となったり、火を囲んでまぁるい形の住居となる、竪穴住居を生み出していったのではないかと考えています。

真ん中にある大切なもの――それは、「ひ」（霊・日・火）であり、根源へと至り、生み出すことのできる尊き力です。彼らの暮らしの中では、それがご先祖様であり、お天道様であり、すべてを生み出す生成化育の力――カミであったのでしょう。

中心から広がりゆく世界、その中心自体は目に見えないけれども、確かにある世界。

それが広がって目に見える、柱の表面を形為《な》すということ。それは、まさしく私の暮らしの中に置き換えると、発心《ほっしん》であり、想いであり、志です。

その中心核を起点として、目に現れる世界が展開されるのです。

また、切り株の視点（二次元平面世界）だけではなく、柱の視点（三次元立体世界）も加味しなくてはなりません。

つまり、上位・天といった高次なる軽やかな世界と、下位・地となる低次の濃密な世界をも結び合わせて、あの世（不可視の世界）とこの世（可視世界）を行き来するのです。

天なる想いを地に降ろし、地の想いを天に返して、天地《あめつち》共に栄えていく世界。私たちは長い年月に渡り、子孫たちの繁栄を願いながら脈々とそのいのちを繋いでいったのではないかと感じています。

この「柱」が人々の心に根差していった理由は、『古事記』や『日本書紀』で描かれる国生み神話にあると考えています。

この中において、伊邪那岐神《イザナギノカミ》・伊邪那美神《イザナミノカミ》の二柱の神が、「天の御柱」を廻りながら、子産み（島を生む）をされました。

もっとも、言霊学の考え方では、伊邪那岐神は精神次元を表す「い」の神で、伊邪那美神は物質次元を表す「ゐ」の神なので、伊邪那岐神が巡る左廻《まわ》りの柱の「あ行」部分を「天之御柱《あめのみはしら》」、伊邪那美神が巡る右廻りの柱の「わ行」の部分を「国之御柱《くにのみはしら》」と呼び、八尋《やひろ》殿《でん》と呼ばれる、「い」と「ゐ」の間にある8音の子音を、沼矛（舌）で掻《か》きまわすことによって、国生み（子産み・さまざまな音が生まれていくこと）が形成されると捉えていきます。

さて、日本人の総氏神である伊勢神宮には、最も大切な柱といわれる「心《しん》の御柱」があります。正殿の床下に立てられる特別な柱です。

もちろん、存在を知っているだけで見たことはないのですが、私にはどうしてもその「みはしら」が、私たちの中にも一本一本、宿っているような気がしてなりません。

それが目に見える柱――背骨です。

体の柱である背骨を通して、私たちもまた、天地を繋ぐ「みはしら」になっていると考えます。

さらに、心の中にも柱があります。

その柱を「心の御柱」と呼び、心の真中――中心（中神・神）に坐している柱として（伊勢神宮に御鎮座されているだけではなく）、我が心にも建っているのです。

それは、中心核にある想い（志）を基軸に、四方八方、天地へと広がり伝いながら、神意（天意）を具現化しようとする内なる御柱です。

『古事記』の国生みの段で、伊邪那岐、伊邪那美の二神が、最初に生んだ島であるオノコロ島は、「心の御柱」のことであり、そこから言霊、言の葉が生まれていくことを暗示しているとされています（言霊学的な解釈です）。

この二つの柱が、にほん（日本）立てでかみ合い、組み合い、調和しながら、人々の内なる骨格を形成しているのではないかと考えています。

ゆえに、日本語を語る人々――日本人は、このような二つの御柱を配されながら、中心から多極へ、美と秩序をもって（五十音図のように）、精神と物質が顕幽一如《けんゆういちじょ》となる世界を表すぞと心の奥で決めて、三次元物質世界へと降り立ったのではないかと思うのです。

さあ、にっこり笑って、背筋を伸ばして（心身のミハシラ立てて）、進んでいきましょうね。

日本人の精神性 2

多様性と一円の心「こもれび力」

木立の中を散歩するのって気持ちいいですよね。

そよぐ風とともに、柔らかなこもれびが、辺りを照らしたりするのですから。

さて、この「こもれび」。こもれび（木漏れ日）とは、樹木の枝葉《しよう》をかいくぐって、地上へ差し込む日光のことをいいます。

「こもれび」は、日本独特の表現で、海外の言葉では直接的に言い表す単語が存在していません。

存在していない、ということは、その視点をあまり持ち合わせていない、ということです。

たしかに、その様子を言い表すことで、気づくことはできると思いますが、そもそもれを表す「言葉」を持ち合わせていないので、どうしてもスルーしやすくなります。

なぜ日本語に「こもれび」という表現があるのかといえば、お察しの通り、木漏れ日を感じる暮らしを、日本人は数万年という長きに渡ってしてきたからです。

もちろん、ただ、気持ちいいといっただけではなく、時折猛威《もうい》を振るう自然ですから、自然の様態を丹念に観察し、気配を察し（木々の陰に潜《ひそ》む生き物たちに襲われても困りますから）、鋭敏《えいびん》なる感性をもって生きてきた先人たちの知恵と視点が、「こもれび」という表現を生んだのでしょう。

木漏れ日は、科学的にいうと、**ピンホール現象**によって映し出されます。ピンホール現象とは、ものに反射した光が、小さな穴（ピンホール）を通って平面に当たると、モノの像が映る現象のことです。

その光源は何かというと「**太陽**」です。

太陽の光が、複雑に折り重なった葉っぱや枝の間から差し込み、地面に丸い形を映し出すのです。

このことを知ったとき、私は胸がいっぱいになりました。

なぜなら、太陽は、どんな木や葉っぱかを問わず、分け隔《へだ》てなく光を差し入れていて、かつ、それらを貫通して、もろもろに分かれ、多くの太陽となって、地上を照らしてくれていたのだ、と思ったからです。

姿かたち、様態は違えど、ありとあらゆるものを照らし出す日の恵み。

そしてその姿かたちを、一生懸命生きている木々たち。

「こもれび」

ブナの木はブナの木の、松は松の、ケヤキにはケヤキの、あるがままの姿があり、老木、若木にかかわらず、それぞれの生を精一杯生きているのだということ。

このことを感じたときに、この言葉を言葉としてつくり、残してくれたことを心より感謝しました。

さて、おとひめ翻訳で「こもれび」を訳すと、〝転《ころ》がり入って、小さく柔らかく集まったものが、外へ出ていったエネルギー（日・陽・根源なるもの）〟といった意味合いになります。

多様なさまを尊びながら、それぞれに輝いている世界。

同時に、それぞれでありながらも、皆、根底（光源）では、日の光の大きな力に抱かれて、大きな和となって調和しているさま、これが私たちの心の奥にある、美意識（精神性）ではないかと思います。

「こもれび力」。それは、一円融合《いちえんゆうごう》の世界観と、多種多様となって進む、柔らかくて力強い意識でもあります。

先の「みはしら」は木からできていましたが、「こもれび」はその木から現れる様態に、日の光が映し出され、地の世界に現れたものでした。

どうぞ、「みはしら」立てて進み、「こもれび」浴びて、明るき心で進んでまいりましょう。いつもお日さまが見守ってくれていますから、心丈夫ですね。

日本人の精神性 3
包み込みの心「ふろしき力」

「ふろしき」（風呂敷）は、奈良時代に、献上品を包むものとして、唐《とう》よりもたらされたといわれています。もっともその頃は「ツツミ」と呼ばれており、「ふろしき」という言葉が一般化したのは、江戸時代からといわれています。

その間、風呂敷はどのような変遷をたどったのかというと、奈良時代の「ツツミ」から、平安時代には貴族の装束を包む「コロモヅツミ」へ、そして室町以降は大名や武士たちが蒸し風呂で使うものとして「平包み」や「風呂敷」に、やがて江戸になり庶民まで広がったことで、「風呂敷」（平包みやふくさもあり）の名が一般化したそうです（諸説あり）。

ここで面白いなぁと思ったのは、最初は王族、貴族のものだったのが、時代を経《へ》て、一般庶民へとその言葉や文化も浸透《しんとう》していったことです。

また、江戸時代には、銭湯に通うときに使うだけではなく、商人が背中に背負って商品を運ぶなど、物流や鞄の役割を果たして、昭和初期に至るまで、大活躍したのですね。

「ふろしき」は、畳むとコンパクトで広げると大きくなって、どんなものにでもフィットしてしまう優《すぐ》れモノ。かつ長年使えてコスパ良し&持ち運びやすいということで、近年は、海外で人気を博しているのだそう。

風呂敷の最大の特徴は「包む」ということです。

この考え方が実に日本らしいなぁと思い、いつも感心してしまうのです。

たとえば、着物はもともと、一巻の反物を裁断して縫い合わせたもので、それを体に巻きつけて「包んで」身にまといます。また、着物の上から巻く帯も、身体にくるくると巻きつけながら、身体を「包んで」結びます。浴衣《ゆかた》も同様ですね。

日本の文化の根底には、この「包んで・結ぶ」という考え方があると感じています。

「ふろしき」はその代表格として、1300年の時を刻み、いまもなお、現役更新中です。

ふろしきの中には何でも入ります。なんだって受け入れてしまうのです。

日本語の歴史でいえば、漢の時代に入ってきた漢字のごとく積極的に受け入れて包んでいきます。また、モノでいえば、青銅器からガラス、鉄砲、カステラに至るまで、なんでもござれで受け入れ、包み、ざっくり結んでは、風呂敷の中で醸成《じょうせい》するのです。まぁ、醸成でなくても、発酵《はっこう》させるという言葉に変えてもいいかもしれませんが（←発酵食品好きの発言です……笑）。そうして醸成、発酵して、いい塩梅《あんばい》へと変えた上で、コンパクト化したり、実用性を増して、さらによきものへと変えて進化させてしまう、というのが、日本人の得意技ではないかと感じています。

「ふろしき」

この、よりよくつくり変えていこうとする力、粘《ねば》り強く諦《あきら》めない力には、本質を見極めながら精進し続けようとする日本人の精神性が表れており、それを**下支《したざさ》えしているのが日本語**であると考えています。

一例をあげると、何か技術を磨《みが》こうとするとき、通常は「練習」といいますが、日本古来の考え方では「練習」といわずに**「稽古《けいこ》」**といいます。

稽古とは、技を磨くだけではなく、心技体《しんぎたい》すべてを磨くことであり、さらにそれらを通して魂を磨いていくという考え方を根底に持ち、常に精進《しょうじん》し続けることが美徳であると考えます。これが「ふろしき」の中に包まれたものたちに起こっていることではないかと思うのです。

まずは、**「受け入れる」**ということ。大きな懐《ふところ》をもって、包み入れてしまう、ということ。その上で、中のものを、**さらによりよきものへとつくり変えてしまう力、それが和心の本懐ともいえる「ふろしき力」**ではないかと考えます。

さて、「ふろしき」のおとひめ翻訳はどうなるのでしょうか?

それは、〝振動して増えていく空間が指し示されて強いエネルギーとなるもの〟といった意味合いになります。……なるほど、ですね。

ではこれを「言葉」として考えてみることにしましょう。

私たちの言葉は、すべてが母音に還元されていく母音骨格の言語です。子音を話しても伸ばせばすぐに母音になってしまいます。また、子音骨格の言語であっても、水面下(声帯内)での母音の準備がないと、子音がつくれないように、最終的にはお母さんの音に包まれている、と考えることができますね。その言葉を生きている間ずっと使い続けるのですから、母音による潜在的《せんざいてき》な「包み」力は相当かもしれません。

他にも暮らしの習慣で見てみると……たとえば、下駄《げた》や草履《ぞうり》と靴の違い。

下駄や草履は足のサイズにさほど関係なく、とりあえず履くことはできますが、靴の場合は、5ミリ違うと、履くのも一苦労です。

あるいは、家も、かつての古民家は、襖《ふすま》や障子《しょうじ》を外してしまうと、大きな空間が広がっていきますし、仕切りを変えることで空間の大きさを変えることが可能です。

一方、西洋の家は、きっちりと仕切られていて、小部屋に鍵がつけられていることもあります。

そして、鞄と風呂敷。鞄はいろいろな仕切りがあって分けることができ、かつ、大きさによって入れるものも制限されます。

しかしながら、風呂敷は、大きさに関係なく、とりあえず何でも入れてしまうことが可能です。

もちろん、どちらがいいといった話ではなく、ただそのような特徴があるよということなのですが、「ふろしき」に代表される包み込みの発想、伝わりましたでしょうか。

もっとも、どうしても受け入れられないなぁとか、好ましくないなぁと思えば、風呂敷の結び目の間から、ポロッと落してしまえばいいのです。そう、戦後、GHQを通して伝えられた、ローマ字化のリクエストのように。

何を結ぶ（産む）のかの主体・主権は、包む「ふろしき」自体にあります。一見、押し付けられたように見えたとしても、それが「異物」であれば、押し出す気概もある。同時に、うまく懐柔してしまい、さらによくカスタマイズしてしまうこともある。

このような**柔能制剛**《じゅうのうせいごう》**（柔よく剛を制する）という働きを内包しながら、外なるものを包み入れ、時に抱き参らせ、結果として大調和へと至るよう、和合進展させていこうとする力が、「ふろしき力」**です。

このふろしきが、私たち皆の心の奥に敷かれているように思います。

ふろしき包んで、結んで開いて大和合《だいわごう》、大円満。融通無碍《ゆうずうむげ》に進んでまいりましょうね。

日本人の精神性 4
事象の種の心「ことたま力」

有終の美を飾るのはやはりこの言葉――「ことたま（言霊）力」です。

あれっ？　先ほどまで「ことだま」だったのに、何故こんどは「ことたま」に？　と思われるかもしれませんが、実際はどちらでもかまいません。どうぞ自分がしっくりくる言い方で読み進めていただければと思います（いきなり大らかな「ふろしき力」発揮！）。

なお、今回、濁音《だくおん》をとった理由は、古語における「たま」（魂・霊・珠）を掛け合わせて使いたく、それで「ことたま」とさせていただきました。

言霊とは、前述の如《ごと》く、言葉や一音一音が持つエネルギーのことであり、そのエネルギーのことを「たま」と呼び、古くから尊んできました。

私たちが言葉を語るとき、最初に、大宇宙である先天の気（量子的時空）を受けとって、その気（エネルギー）を脳内で受信します。

次に、脳内ではその一部を取捨選択し、思考と感情と感性をもって選んだものを、「言の霊《たま》」というエネルギーに変えて、それを可聴域でも聞こえる音声にして、三次元空間に放出しています。それが言葉となります。

言葉のもととなっているのは言霊というエネルギーボール（霊・たま）です。

そうした言（ことば）として放った霊（たま・エネルギー）は、電磁波を放ち、振動となって事象を形成する加速剤となるので、「言の霊《たま》」は、「事の霊《たま》」の呼び水となるわけです。

とりわけ、**言行一致となる言葉（言霊）には力があります。**

「ことたま」は、量子的時空――宇宙・天から贈られた、事物・事象をつくる玉手箱です。

玉手箱の中には、「ことのたま」をしき詰めて、あなたのミタマの中に収まっています。しき詰められた姿は、田んぼのようでもあり、「ふろしき」のようでもあります。

その「たま」一つひとつには、力強いエネルギーがあり、見える世界と見えない世界を行ったり来たりしています。その姿はまるで、天地（あめつち）を繋ぐ、「みはしら」（御柱）のようでもあります。

さらにその「たま」が、くっついたり別れたりしながら、ゆらゆら揺《ゆ》らいで、たくさん飛び散り、放たれます。どんな形でも、どんな姿でも、すべてを丸く映し出しながら、それぞれがそれぞれに輝いています。まるで「こもれび」のように。

遠い昔、天の神の意を受けて、天の浮橋に立った二神が、「こをろこをろ」と沼矛《ぬぼこ》を掻《か》きまわしながら、島をつくっていった如く、私たちもたった今、想いを結晶化し、舌をころころと掻きまわしながら言葉をつくり、現実を規定します。

音に秘められた秘密の扉は、すでに開いています。

後はそれらを扱う神の出動――そう、あなたの出番なのです。

どうぞ、美しい日本語のしらべが天地を結び、言向《ことむ》け和《やわ》されますように。

どうぞ、あなたから語られる「ことたま」が、すべての栄えをもって成就されますように。

地上を舞台にした神遊びの世界を、ご一緒に楽しんでまいりましょう。

日本人の精神性 4つの意識

① みはしら力

天の意と地(肉体)を繋ぐ「みはしら」を立てる。
中心多極、多様性。
朗らかなる誠の心。

② こもれび力

ヒの力を受けたこもれびがたくさん現れる。

③ ふろしき力

すべてを包み込み、醸成させる心。
融通無碍、和合進展。

④ ことたま力

すべてを生成化育、発展進化させる力。
事象の種を現象化させる先天の力。

言霊

みはしら立てて　進みませ
こもれび浴びて　和らぎて
ふろしき包みて　結びませ
ことたま放ちて　幸(さき)くませ

＊幸くませ……
「どうぞ幸せでありますように」

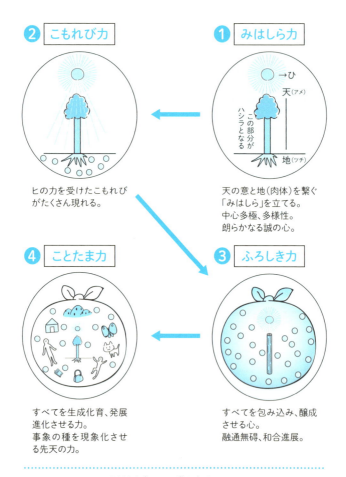

あとがき

百人一首の札に書かれた墨の模様（文字）に興味を覚えた子ども時代から、長き時を経た今、私は自由に想いを文字に変えて、表現することができています。

また、その文字を声に出して、情感とともに発語することもできます。

日本語の音から放たれる、美しいしらべ……明るくたおやかな響きは、今も昔も、変わることなくずっと心をとらえ続けています。

いつの日か、そんな「日本語」そのものについて、正面から向き合う本を綴《つづ》ってみたいなという想いがあったのですが、このたび、日本語再発見ツール「おとひめカード」の出版を記念して、いままでの学びや気づきをまとめさせていただく機会を得ました。

それが本書となりました。

『音――美しい日本語のしらべ』は、自らの作家生活において、重要な著作となると感じています。というのは、魂がやりたかったことをしているという実感が、執筆中、幾度も湧き上がってきたからです。いい加減な気持ちで向かい合ってはいけないと感じ、毎日、禊《みそぎ》と行《ぎょう》をしながらのハードな執筆でしたが、心は静かな喜びに満たされていました。

こうしてあとがきを綴っている今、ただただ、感謝の想いでいっぱいです。

さて、人類が、言葉という道具を獲得してから現在に至るまで、言葉は人々を慰《なぐさ》め、癒《い》やし、心を通わす手段であったと同時に、時には武器となって、人々の心を荒廃させました。

日本においては、自然の在りようをそのまま写し取った音の模倣《もほう》が、「名は体」となり、言葉となり、緩《ゆる》やかに変化しつつ、現在まで引き継がれていきました。先人たちの想いを折り畳みながら、現在も進化し続ける日本語。

そのバトンを引き継いでいるのは、私たち一人ひとりです。

そのことを胸に刻《きざ》みながら、自らを愛し、自らの住まう地や国を愛し、まわりと世界と地球を愛し、言向け和すことで、豊かな世界が形成される一助となることを願っています。

とりわけ、第六章にある三つの音「わ」「ま」「ひ」は、本来の人間の在り方そのものを指す言葉であると考えています。本質・本源である「ひ」を中心に、その動的作用と結果である「わ」と、時空間を表す「ま」から拡がる世界、人間なら誰しも持っている人類共通の資質です。

「ひ」から湧き出た、いのちのほとばしりに沿って世の中を見渡したとき、世界は突如として輝きだし、あるがままの在りようを観察することができます。

そうした繋《つな》がりの中の世界観、中心多極で多様性でありながらも一つの大きな輪、円の中に融合している世界から生きることを、私たちの本質は、永遠の時の中で、ずっと願ってきたのかもしれません。

いま、その時が満ちつつあるのを感じます。「命《めい》（名）」を受けた私たち一人ひとりが、喜びと自覚をもって、自分なりの歩みで、進むときが来ているのでしょう。

その胎動が湧き起こってきていることを感じています。

世界が大きく変わろうとしている現在、本書を通して、あなたの「ひ」と、心の奥で語り合い、触れ合えましたことを心より嬉しく思います。まだまだ未熟者ではありますが、これからも宜《よろ》しくおつき合いくださいませ。

最後に、本書を刊行するにあたりまして、御尽力いただいた皆様方へ御礼の言葉を伝えたく思います。とりわけ、出版元である「きずな出版」の櫻井秀勲社長（1931年生まれ）は、本文の中にも引用している川端康成や三島由紀夫、太宰治といった昭和の文豪たちと直接、交流されていた方で、「言霊」の研究者でもあります。このたび、櫻井社長とのご縁により、本書とカードの企画が生まれました。心より感謝申し上げます。

加えて卓越した編集力と慈愛の岡村季子社長、編集部の村上音織様、装幀してくださった福田和雄様、（社）やまと経営者連盟の古賀真様、「おとひめカード」では科学者の増川いづみ博士、周藤丞治博士、カタカムナ研究者の吉野信子先生、トップマーケッターの神田昌典様、デザイナーの須藤聖名子様はじめ、多くの方々にご協力いただきました。

この場を借りて御礼申し上げます。

最後に、本を読んでくださった皆様に、深く感謝の意を申し上げます。

それではまた、次の本でお会いいたしましょう。

2024年8月　陽光を受けて

はせくらみゆき

●参考資料

山口仲美著『日本語の歴史』岩波新書　2006年刊
山口仲美著『日本語の古典』岩波新書　2011年刊
山口仲美著『日本語が消滅する』幻冬舎新書　2023年刊
岡崎友子・森勇太著『ワークブック　日本語の歴史』くろしお出版　2016年刊
倉島節尚著『中高生からの日本語の歴史』ちくまプリマー新書　2019年刊
酒井邦嘉著『言語の脳科学―脳はどのようにことばを生みだすか』中公新書　2002年刊
今井むつみ・秋田喜美著『言語の本質―ことばはどう生まれ、進化したか』中公新書　2023年刊
甘利俊一監修、入來篤史編『言語と思考を生む脳』東京大学出版会　2008年刊
金谷武洋著『日本語と西欧語　主語の由来を探る』講談社学術文庫　2019年刊
金谷武洋著『日本語に主語はいらない』講談社選書メチエ　2002年刊
金谷武洋著『日本語が世界を平和にするこれだけの理由 文庫版』飛鳥新社　2018年刊
原沢伊都夫著『日本人のための日本語文法入門』講談社現代新書　2012年刊
水村美苗著『増補 日本語が亡びるとき―英語の世紀の中で』ちくま文庫　2015年刊
鈴木孝夫『ことばと文化』岩波新書　1973年刊
佐々木健一著『日本的感性―触覚とずらしの構造』中公新書　2010年刊
角田忠信著『日本人の脳―脳の働きと東西の文化』大修館書店　1978年刊
角田忠信著『右脳と左脳―脳センサーでさぐる意識下の世界』小学館ライブラリー　1992年刊
角田忠信著『日本語人の脳―理性・感性・情動、時間と大地の科学』言叢社　2016年刊
月本洋著『ロボットのこころ―想像力をもつロボットをめざして』森北出版　2002年刊

月本洋著『日本人の脳に主語はいらない』講談社選書メチエ　２００８年刊
津田幸男著『日本語肯定論』啓文社書房　２０２３年刊
黒川伊保子著『日本語はなぜ美しいのか』集英社新書　２００７年刊
浅野鶴子編『擬音語・擬態語辞典』角川小辞典　１９７８年刊
田守育啓著『オノマトペ　擬音・擬態語をたのしむ』岩波書店　２００２年刊
小野正弘編『擬音語・擬態語４５００　日本語オノマトペ辞典』小学館　２００７年刊
小野正弘著『オノマトペ　擬音語・擬態語の世界』角川ソフィア文庫　２０１９年刊
日本認知科学会監修、和田喜美著『オノマトペの認知科学』新曜社　２０２２年刊
小笠原孝次著、七沢賢治監修『言霊百神（新装版）古事記解義』和器出版　２０１６年刊
小笠原孝次著、七沢賢治監修『言霊開眼』和器出版　２０１６年刊
加津間広之著『古事記と言霊百神　すべての謎を解く奥義のすべて』ヒカルランド　２０１８年刊
小西甚一著『古文の読解』ちくま学芸文庫　２０１０年刊
沖森卓也著『日本語全史』ちくま新書　２０１７年刊
鈴木公雄著『考古学入門』東京大学出版会　１９８８年刊
本居宣長撰、倉野憲司校訂『古事記伝（一）』岩波文庫　１９４０年刊
神野志隆光著『本居宣長「古事記伝」を読む１』講談社選書メチエ　２０１０年刊
神社新報社編『増補改訂　日本神名辞典』神社新報社　２０１２年刊
三浦佑之著『古事記の神々　付古事記神名辞典』角川ソフィア文庫　２０２０年刊
國學院大學日本文化研究所編『神道事典』弘文堂　１９９９年刊
井上光貞監訳、川副武胤、佐伯有清訳『日本書紀（上）』中公文庫　２０２０年
神野志隆光、金沢英之、福田武史、三上喜孝訳『新釈全訳　日本書紀　上巻（巻第一～巻第七）』講談社　２０２１年刊

宇治谷孟訳『日本書紀（上）全現代語訳』講談社学術文庫　１９８８年刊
中西進『万葉集（全訳注原文付）』全四巻　講談社文庫　１９８３年刊
中西進編『万葉集事典　万葉集全訳注原文付 別巻』講談社文庫　１９７８-１９８５年刊
瀬戸内寂聴訳『源氏物語』全十巻　講談社文庫　２００７年刊
清少納言著、池田亀鑑校訂『枕草子』岩波文庫　１９６２年刊
日下力著『「平家物語」という世界文学』笠間書院　２０１７年刊
鈴木範久著『聖書の日本語―翻訳の歴史』岩波書店　２００６年刊
池田知久著『訳注「淮南子」』講談社学術文庫　２０１２年刊
川端康成作『雪国』岩波文庫　２００３年刊
川端康成著、Edward Seidensticker訳『Snow Country』チャールズ・イー・タトル出版　２００８年刊
三島由紀夫著『金閣寺』新潮文庫　２０２０年刊
三島由紀夫著、Ivan Morris訳『The Temple of the Golden Pavilion』チャールズ・イー・タトル出版　２０１０年刊
太宰治著『走れメロス』角川文庫　２００７年刊
太宰治著、Ralph F. McCarthy訳『走れメロス―Run,Melos! and other stories』講談社インターナショナル　１９９７年刊
はせくらみゆき著『パラダイムシフトを超えて いちばん大切なアセンションの本質』徳間書店　２０２１年刊
はせくらみゆき、ジュリアン・シャムルワ著『波動の時代を生きる　ワンネスと宇宙意識』徳間書店　２０２３年刊
保江邦夫、はせくらみゆき著『愛と歓喜の数式「量子モナド理論」は完全調和への道』明窓出版　２０２３年刊行
矢作直樹、はせくらみゆき著『大御宝としての日本人』青林堂　２０２２年刊行
はせくらみゆき、周藤丞治著『9次元からの招待状　言霊と科学であなたの世界が変わる』きれい・ねっと　２０２２年刊
はせくらみゆき著『夢をかなえる、未来をひらく鍵　イマジナル・セル』徳間書店　２０２２年刊
はせくらみゆき著『縄文からまなぶ33の知恵』徳間書店　２０２４年刊

◎著者プロフィール

はせくらみゆき

画家・作家・雅楽歌人

日本を代表する画家の一人であるとともに、科学から経済、教育まで、ジャンルにとらわれない幅広い分野の活動をするマルチアーティスト。詩情あふれる彩り豊かな作風は、国内外で人気を博しており、２０１７年には芸術文化部門における国際平和褒章を受章。２０１９年にはイタリアで開催された国際アートコンペにて世界3位、翌年のアートコンペ（英）では2位となり、欧州と日本を行き来しながら活動を続ける。また、雅楽歌人としての顔も持ち、現在、一般社団法人あけのうた雅楽振興会の代表理事としても活動している。主な著書に『おとひめカード』（きずな出版）、『縄文からまなぶ33の知恵』『夢をかなえる、未来をひらく鍵　イマジナル・セル』（徳間書店）など、60冊を超える著作を持つ。Accademia Riaci絵画科修士課程卒（イタリア）。英国王立美術家協会名誉会員。日本美術家連盟所属。北海道出身。三児の母。

はせくらみゆき公式ホームページ　https://www.hasekuramiyuki.com/

音――美しい日本語のしらべ

2024年9月22日（秋分の日）　第1刷発行
2025年3月3日（大明日）　第4刷発行

著　者　はせくらみゆき
発行者　櫻井秀勲
発行所　きずな出版
東京都新宿区白銀町1-13　〒162-0816
電話　03-3260-0391　振替　00160-2-633551
https://www.kizuna-pub.jp/

印　刷　モリモト印刷
ブックデザイン　福田和雄（FUKUDA DESIGN）
図表協力　福島モンタ

ISBN978-4-86663-251-3

きずな出版